Mit Goethe durch das Jahr 2024

Goethes Dichterwerkstatt

Herausgegeben und mit einem Essay
von Bodo Plachta

Dudenverlag
Berlin

Umschlagmotive:
Goethe, seinem Schreiber Johann August Friedrich John diktierend, Gemälde von Joseph Schmeller, 1834, Klassik Stiftung Weimar

Goethe in der römischen Campagna, Gemälde von Johann Heinrich Wilhelm Tischbein, 1786/87, Städel Museum, Frankfurt/Main

Gestaltung: nxt.digital, Düsseldorf
Satz: typegerecht, Berlin
Umschlaggestaltung: sauerhöfer design, Neustadt
Umschlagabbildungen: Klassik Stiftung Weimar, Museen

www.duden.de
www.cornelsen.de

1. Auflage, 1. Druck 2023

Druck: H. Heenemann, Berlin

ISBN 978-3-411-16066-2 kartoniert
ISBN 978-3-411-16067-9 Kassette

GOETHES DICHTERWERKSTATT

Szenarien des Schreibens

Schreiben ist nicht an einen bestimmten Ort gebunden. Im Gegensatz zu bildenden Künstlern oder Komponisten, die Staffeleien oder Werkzeuge zum Arbeiten, große Tische zum Ausbreiten von Partituren oder Musikinstrumente zum Komponieren benötigen, können Schriftsteller überall schreiben. Wir kennen Autorinnen und Autoren, die auf einem Stein, im Liegestuhl oder im Kaffeehaus sitzend, im Hotel, in der Arztpraxis, am Strand, im Bett, auf dem Balkon oder in der Sofaecke geschrieben haben. Der eine genießt den Trubel einer Stadt als Inspiration, benötigt Komfort zum Schreiben, eine gut sortierte Handbibliothek oder den Blick aus dem Fenster ins Grüne. Die andere schätzt Ruhe und das einfache Zimmer mit einer abschließbaren Tür, die den Arbeitsplatz zu einem Rückzugsort macht, an dem ungestörtes Arbeiten möglich ist. Ein opulent eingerichtetes Arbeitszimmer mit Schreibtisch und Bücherregalen ist für das Schreiben nicht zwingend notwendig, Papier und Stift oder heutzutage ein Laptop reichen aus. Dennoch geht von jedem Arbeitsplatz eines künstlerisch tätigen Menschen – ob beschrieben, abgebildet oder original erhalten – eine große Faszination aus. Viele Arbeitsplätze werden als »genius loci« gerühmt – manchmal sogar verehrt –, weil wir hier einen konkreten Ort vorfinden, an dem ein kreativer Geist tätig gewesen ist, an dem Kunst, Musik und Literatur entstanden sind. Die Anziehungskraft, die von diesen Orten ausgeht, wurde durch viele Äußerungen regelrecht befeuert: Schiller nannte seinen Schreibtisch das »wichtigste Möbel«, Sophie von La Roche betrachtete ihren »Schreibetisch« als einen Ort, an dem sie abschätzen konnte, wie es mit ihrem »Geiste und Charakter vorwärts oder rückwärts ging«. Herder schrieb an einem »unförmlichen« Schreibpult und Adalbert Stifter nutzte einen massiven, aus der Renaissance stammenden Schreibschrank, den er als »Schreibschrein« bezeichnete. Annette von Droste-Hülshoff erlebte ihren Arbeitsplatz als eine »Arche Noah von angefangenen Arbeiten«. Eduard Mörike besaß eine ausklappbare Schreibschatulle, die er gern auf Reisen mitnahm. Theodor Fontane ließ sich vor einer riesigen Schreibtischlandschaft als Grandseigneur fotografieren. Bei Heinrich Böll fungierte der Schreibtisch als »Einstiegs-Vehikel« für das Schreiben überhaupt, während Thomas Bernhard von seinem Arbeitszimmer als »Denk- und Schreibkerker« sprach. Für Ingeborg Bachmann hatte ihr Arbeitszimmer etwas von einer Blackbox: »Sie können einen Dirigenten sehen beim Dirigieren«, notiert sie, »einen Sänger beim Singen, einen Schauspieler wenn er spielt, aber es kann niemand sehen, was Schreiben ist.« Viele Gegenstände, die sich auf Thomas Manns wohlgeordnetem Schreibtisch befanden, gingen in seine Romane ein und wurden regelrecht »episch«. Richard Dehmel, Hermann Hesse oder Arno Schmidt ließen sich Schreibtische nach genauen Vorgaben, Zeichnungen und Maßangaben anfertigen. Schmidt rühmte das schlichte, einfach konstruierte Möbel als »ein hölzernes Meer von 3 Quadratmetern«, an dem er sich

Schillers Arbeitszimmer in seinem Weimarer Wohnhaus im Mansardgeschoss, Fotografie, o. J.

in seine Zettelkästen vertiefte. Friederike Mayröcker arbeitete in einem Zimmer, in dem Unmengen von Papieren, Notizzetteln und Büchern herumlagen und das mit zu Türmen aufgestapelten Materialien vollgestopft war, sodass nur noch ein kleines Eckchen zum Schreiben frei blieb. Viele Autoren und Autorinnen besaßen überhaupt keinen Schreibtisch, ihre Arbeitsplätze waren aus Desinteresse, Gewohnheit oder aufgrund erzwungener Ortswechsel ständige Improvisationen. Andere lehnten den Blick in ihr Arbeitszimmer kategorisch ab, und für Siegfried Lenz war der Arbeitsplatz allenfalls eine »interessante Nebensache«, ihm war allein der Platz wichtig, den »er in einer Gesellschaft von Lesern einnimmt«.

Schreiben ist nicht nur eine Frage von Sprache und dem Wissen, wie mit ihr umzugehen ist,

Fontane am Schreibtisch, Fotografie, 1896

um Gedanken schriftlich zu fixieren. Schreiben hat auch eine technische Seite, denn die Auswahl von Schreibwerkzeugen und deren Handhabung ist ebenso eine Grundvoraussetzung wie eine passende Schreibumgebung oder die individuelle Körperhaltung, die man beim Schreiben einnimmt. Doch auch der Raum, in dem sich Schreiben abspielt, ist von Bedeutung. Arbeitsplätze bilden den Rahmen für das Schreiben und sind zuweilen komplexe Szenarien aus sichtbaren und unsichtbaren Aspekten, die sich schließlich im Schreiben niederschlagen. Arbeitsplätze hinterlassen deshalb immer Spuren: Goethe

Friederike Mayröcker und Ernst Jandl in Mayröckers Arbeitszimmer in Wien, Fotografie, 1984

saß in der Kutsche, als er im September 1823 eine erste Bleistiftfassung der »Marienbader Elegie« auf die freien Seiten eines »Großherz. Weimarischen Schreib-Calenders« notierte; der schwankende Reisewagen und so manches Schlagloch scheinen sich in den mal großen, mal kleinen Schriftzügen zu spiegeln. Legendär ist auch eine aus Brettern gezimmerte Hütte auf dem Kickelhahn bei Ilmenau, an deren Wand Goethe im September 1780 spontan Verse aus »Über allen Gipfeln | Ist Ruh« schrieb.

Ort, Raum, Situation, Mobiliar, Schreibgeräte und -utensilien sowie eine über die Zeit hinweg

Historische Fotografie der Niederschrift von »Wanderers Nachtlied« an der Wand einer Jagdhütte auf dem Kickelhahn, Photoatelier Linde (Gotha), o. J.

Über allen Gipfeln
Ist Ruh
In allen Wipfeln
Spürest du
Kaum einen Hauch;
Die Vögelein schweigen im Walde.
Warte nur, balde
Ruhest du auch.

(WA I, 1, S. 98)

GOETHE ERINNERT SICH AN DIE ENTSTEHUNG VON »ÜBER ALLEN GIPFELN I IST RUH« (4. SEPTEMBER 1831)

Sechs Tage, und zwar die heitersten des ganzen Sommers, war ich von Weimar abwesend und hatte meinen Weg nach Ilmenau genommen, wo ich in frühern Jahren viel gewirkt und eine lange Pause des Wiedersehens gemacht hatte. Auf einem einsamen Bretterhäuschen des höchsten Gipfels der Tannenwälder recognoscirte ich die Inschrift vom 7. September 1783 des Liedes das du auf den Fittigen der Musik so lieblich beruhigend in alle Welt getragen hast:
»Über allen Gipfeln ist Ruh pp.«
Nach so vielen Jahren war denn zu übersehen: das Dauernde, das Verschwundene. Das Gelungene trat vor und erheiterte, das Mißlungene war vergessen und verschmerzt.

(Brief an Carl Friedrich Zelter, 4. September 1831; WA IV, 49, S. 55)

erworbene Schreibroutine geben Arbeitsplätzen eine ganz eigene Kontur, die einerseits Sicherheit oder Kontinuität verspricht, andererseits aber überraschend zufällig sein kann. Wie störanfällig Arbeitsplätze sind, zeigt sich immer dann, wenn sie sich durch äußere Faktoren oder unerwartete Ereignisse verändern und Autoren und Autorinnen von einem auf den anderen Moment mit einer neuen Situation zurechtkommen müssen. An ihren Arbeitsplätzen kommen wir den Schreibenden sehr nahe, denn sie gewähren uns einen Einblick in die unmittelbare Schreibumgebung und liefern im günstigsten Fall auch Erkenntnisse, wie ein Text entstanden ist. Sie geben Hinweise auf den Schreibprozess, indem sie dokumentieren, wie Autorinnen und Autoren ihre Schreibumgebung gestalten und Arbeitsabläufe organisieren, wo sie sich wohlfühlen oder unter Schreibdruck und -blockaden leiden. Arbeitsplätze sind darum Orte der Selbsterfahrung, aber auch der Selbstdarstellung. Hier zeigt ein Autor, wie er als Autor gesehen werden will. Arbeitsplätze sind Inszenierungen, die sich aus verschiedensten Aspekten – der Biografie, dem kreativen Umfeld, poetologischen Vorstellungen – zusammensetzen und eine künstlerische Haltung reflektieren.

»Zweckmäßige Bequemlichkeit, Simplicität und Schönheit der Form« – Wohnen und Arbeiten im 18. Jahrhundert

Goethe hat sich in allen Phasen seines langen Schriftstellerlebens ausschließlich persönlich um die Einrichtung und Organisation seiner Arbeitsplätze gekümmert. Ein um das andere Mal – manchmal nur knapp, dann wieder ausführlich – hat er sich auch zur Art und Weise ihrer Gestaltung geäußert. Seine Arbeitsplätze zeigen eine große Variabilität, was etwa die Auswahl der Möbel angeht. Allerdings bevorzugte Goethe immer schlichte Räume und Möbel, die zu seiner jeweils aktuellen Schreibpraxis passten. Möbel tauschte er generell selten aus, eher ließ er sie umbauen oder ergänzte sie durch weitere Stücke. Alle Möbel zeichnen sich dennoch durch einen individuellen Gestaltungswillen aus, sind mit Bedacht ausgewählt und lassen erkennen, dass das Interieur die Arbeit eines kreativen Menschen unterstützt. Goethe verfolgte die aktuelle Debatte über die Funktion von Wohnen, Arbeiten und Einrichten, war mit dem zeitgenössischen Möbelgeschmack vertraut und nutzte dieses Wissen bei der Einrichtung seiner Wohn- und Arbeitsräume, ohne sich jedoch von Modeerscheinungen vereinnahmen zu lassen. Einrichten war für Goethe ein Prozess mit großer Suggestivkraft, denn es ging ihm darum, das Verhältnis zwischen Mensch und Alltag im Gleichgewicht zu halten.

Die Gestaltung des Arbeitsplatzes ist uns heute eine Selbstverständlichkeit, nicht zuletzt deshalb, weil das Angebot an entsprechenden Möbeln riesig ist. Im 18. Jahrhundert war das noch anders. In dieser Zeit entwickelte sich die bürgerliche Wohnung erst allmählich zu einem bewusst gestalteten Ort individueller Selbstfindung und -bestimmung. Arbeits- und Lebensbereiche wurden nun sichtbar voneinander geschieden, wobei die private Sphäre eine Aufwertung erfuhr und in dem Augenblick öffentlich wurde, in dem man Außenstehenden mehr Einblicke gewährte. Wohnen spielte in der sozialen Entwicklung insoweit eine Rolle, als sich die Vorstellungen von Wirtschaften, Familie und Zusammenleben veränderten. Erhaltene Möbel und Interieurs aus dieser Zeit sind Indikatoren für diesen Prozess, denn sie sind Ausdruck des persönlichen Lebensgefühls und eines Wunsches nach individueller Entfaltung. Sie lassen Rückschlüsse auf die Bewohner und die Art und Weise zu, wie sie diese Räume gestalteten und in ihnen lebten. Jede Wohnung, ja jedes einzelne Zimmer war nun das individuelle Zeugnis seiner Bewohner und ließ deren persönliche Handschrift erkennen. Das zeigt auch eine lebendige Diskussion über neue Einrichtungstrends und Wohnstile im viel gelesenen »Journal des Luxus und der Moden«, das der Weimarer Unternehmer, Verleger und Autor Friedrich Justin Bertuch ab 1786 herausgab. Im Januar 1787 war dort in einem Artikel »Ueber bürgerliches Ameublement« zu lesen: »Der Geist eines wahren guten und geschmackvollen Ameublements ist zweckmäßige Bequemlichkeit, Simplicität und Schönheit der Form, und solide reinliche Arbeit daran.« Dieser auf Einfachheit basierende »Grund-Charackter« von Einrichtungsgegenständen wollte soziale Schranken überwinden. Es spielte keine Rolle mehr, ob es sich um ein »kostbares« oder »wohlfeiles Ameublement« handelte, denn die aufkommende Industrialisierung konnte inzwischen bei der Möbelherstellung unterschiedlichste Ansprüche bedienen. Die »schöne Form, und bequeme und geschmackvolle Einrichtung eines Meubles« war das einzige

Kriterium, an dem sich die von nun an regelmäßig eingerückte Rubrik »Ameublement« bei der Präsentation neuer Einrichtungsideen orientierte.

Schreibtische – Repräsentations- oder Arbeitsmöbel?

Da das Zentrum eines jeden Arbeitszimmers der Schreibtisch ist, wurde die Gestaltung von Schreibmöbeln mit Aufmerksamkeit verfolgt, weil gerade sie sich den Veränderungen des Alltags ständig anpassen mussten. Der Arbeitsplatz wurde immer wichtiger und es ist zu beobachten, dass sich Schreibtische im ausgehenden 18. Jahrhundert von einem allein repräsentativen Schaustück zu einem funktionalen Gebrauchsmöbel wandelten. Funktion, handwerkliche Qualität und Design gingen Hand in Hand, sodass vielfach hochwertige und noch heute als ästhetisch ansprechend empfundene Möbel entstanden. Wie komplex die Apparatur eines Schreibtisches, seine Zweckmäßigkeit und sein stilistischer Ausdruck mit dem Schreiben verknüpft sein können, führt Goethe am Beispiel der schon zu seiner Zeit berühmten Schreibmöbel des Tischlers David Roentgen vor.

Roentgen war es gelungen, Schreibtische zu höchster kunsthandwerklicher Form weiterzuentwickeln, wobei das »bureau à cylindre«, also ein Möbel mit gewölbter und versenkbarer Abdeckplatte und Möbel mit ausgeklügelten Schubladen- und Aufklappsystemen zu seinem Markenzeichen wurden. Roentgen baute zwar imposante und elegante Luxusobjekte, sie waren aber trotz vieler technischer Finessen überraschend funktionale, alltagstaugliche

David Roentgen im Alter von 45 Jahren, Porträt von einem unbekannten Maler, o. J.

Möbel. Die Mischung aus aristokratischem Repräsentationsmöbel und gediegen bürgerlichem Gebrauchsmöbel, die mitsamt einer raffinierten Architektur für das Schreiben vielfach Staunen und immer wieder Begeisterung hervorriefen, machte Roentgens Schreibtische zu einem Prototyp klassizistischer Möbelkunst.

Zylinderschreibtisch von David Roentgen aus Kiefer, Eiche und furniertem Mahagoni, 1785–1790

Obwohl diese Möbel als Innovation gepriesen und vielfach nachgebaut wurden, waren sie doch auch mit dem »ancien régime« und seinem Untergang verbunden. Dies zeigt eine Szene aus Goethes »Unterhaltungen deutscher Ausgewanderten« (1795), in der die kleine, vor den französischen Revolutionswirren geflohene Adelsgesellschaft während einer abendlichen Zusammenkunft miterlebt, wie ein Schreibtisch, ein Exemplar »von Röntgens bester Arbeit« und »Muster einer vortrefflichen und dauerhaften Tischlerarbeit«, mit einem »starke[n] Knall« »gegen Mitternacht« entzweispringt, während gleichzeitig auf einem benachbarten Anwesen sein »Zwillingsbruder« verbrennt. Beide Schreibtische, so kommentiert der Erzähler, »waren zu Einer Zeit aus Einem Holze mit der größten Sorgfalt von Einem Meister verfertigt; beide haben sich bisher trefflich gehalten«. Man mag diese Szene, in der ein Möbel sich auf unheimliche und dramatische Weise selbst vernichtet, als Fanal revolutionärer Verwerfungen deuten, doch der berstende bzw. verbrennende Schreibtisch wirft automatisch die Frage nach den Konsequenzen für das Schreiben auf, das nun an diesen beiden Möbeln mit einem Schlag nicht mehr möglich war. Schreibtisch und Schreiben sind physisch aneinander gebunden. Diese Aussage ist natürlich banal. Spannend ist sie aber auch angesichts der Tatsache, dass das Schreiben – und dies besonders in Krisenzeiten – immer die Möglichkeit birgt, zerstörerische Energien freizusetzen.

Roentgen-Möbel begleiteten Goethe sein ganzes Leben hindurch. Er kannte diese Möbel schon aus dem Frankfurter Elternhaus. Als Roentgen infolge der Französischen Revolution ins Exil vertrieben wurde, setzte Goethe sich in Weimar für die Manufaktur, ihre Mitarbeiter und Produkte ein. Im Juli 1774 besuchte er gemeinsam mit Lavater und Basedow die Manufaktur Roentgens in Neuwied. 1779 entwarf er dann sogar einen Schreibtisch im Stil eines

Schreibtisch von Charlotte von Stein im Roten Salon auf Schloss Kochberg, gefertigt von Johann Franz Andreas Preller, Geschenk von Goethe 1779

»bureau à cylindre« für Charlotte von Stein, der vom Weimarer Hoftischler Johann Franz Andreas Preller gefertigt wurde und sich heute im Roten Salon von Schloss Kochberg befindet.

Der Schreibtisch war eine deutlich schlichtere Variante dieses Möbeltyps, bei dem man auf viele roentgentypische Schmuckelemente wie kunstvolle Intarsien und aus Metall gefertigte Verzierungen verzichtete. Goethe und der Tischler setzten allein auf die Wirkung der schlichten Form und des schönen

Mahagoniholzfurniers. Diesen Schreibtisch, ein solides Muster klassizistischen Möbeldesigns, nannte er am 30. November 1779 nicht deshalb »kostbaar«, weil er ein sehr persönliches Geschenk für die Freundin, sondern weil es ein Einzelstück war, »das nicht auf der Messe erkauft« wurde, dafür aber das Resultat eines intensiven schöpferischen Prozesses war: »denn seit Anfang dieses Jahrs hab ich mich beschäfftigt ihn zusammenzutreiben, alles selbst ausgesucht« und »das von seinem ersten Entwurf meine Sorge, meine Puppe, meine Unterhaltung war«.

Obwohl Goethe die technische Raffinesse, eine schöne und elegante Form, kunsthandwerkliche Qualität, aber auch die optische und räumliche Wirkung von Schreibmöbeln zu schätzen wusste, besaß oder nutzte er nie Schreibtische von der Opulenz der Roentgen-Möbel. Eher das Gegenteil war der Fall. Er verfolgte zwar mit großem Interesse Diskussionen über die kunstgerechte Ausgestaltung von Innenräumen und kannte die Möbeltrends; trotzdem lehnte er für sein eigenes unmittelbares Arbeitsumfeld jegliche »Flitterherrlichkeit der neuen Welt« (»Nach Falconet über Falconet«) als Behinderung von Kreativität ab. Goethes Schreibtische – soweit sie sich erhalten haben oder durch Quellen dokumentiert sind – sind stets schlichte Möbel und verfügen über große Arbeits- und Ablageflächen; auf ausreichend Stauraum legte Goethe ebenfalls Wert. Er orientierte sich bei der Auswahl, aber auch bei der Gestaltung sämtlicher Arbeitsplätze durchweg an einem Kriterium, das im »Journal des Luxus und der Moden« (Mai 1793) als Maßstab genannt wurde: »Unser Schreib-

GOETHE ÜBER SEINE »GEGENWÄRTIGE LEBENSART« (13. FEBRUAR 1769)

Meine Gegenwärtige Lebensart ist der Philosophie gewiedmet. Eingesperrt, allein, Circkel Papier, Feder und Dinte, und zwey Bücher, mein ganzes Rüstzeug. Und auf diesem einfachen Weege, komme ich in Erkenntniss der Wahrheit, offt so weit, und weiter, als andre mit ihrer Bibliothekarwissenschaft. Ein groser Gelehrter, ist selten ein grosser Philosoph, und wer mit Mühe viel Bücher durchblättert hat, verachtet das leichte einfältige Buch der Natur; und es ist doch nichts wahr als was einfältig ist …

(Brief an Friederike Oeser, 13. Februar 1769; WA IV, 1, S. 200)

tisch muss uns so individuell angemessen seyn, als unser Rock.« Goethes Arbeitsplätze – und hier liegt ihre herausragende Bedeutung – waren zugleich immer Orte, an denen er sich als Künstler verstand und sein Künstlertum unverwechselbar präsentieren wollte.

Atelier statt Arbeitszimmer

Bereits das Arbeitszimmer im dritten Stock des Frankfurter Elternhauses am Großen Hirschgraben lässt den persönlichen Gestaltungswillen des angehenden Dichters erkennen. Nachdem Goethe das Studium in Leipzig abgebrochen hatte, war er Anfang September 1768 ins Elternhaus und in das »alte Giebelzimmer« zurückgekehrt, wie er den Raum in »Dichtung und Wahrheit« nennt. Das Zimmer diente jedoch nicht nur zum Wohnen, Schlafen und Schreiben, sondern war ein Ort für unterschiedlichste Beschäftigungen, Experimente und Selbsterkundungen. Seine »gegenwärtige Lebensart«, die in eine sehr produktive literarische Phase mündete – man denke an »Götz von Berlichingen« und »Werther« –, beschreibt er im Februar 1769 gegenüber Friederike Oeser: »Eingesperrt, allein, Circkel Papier, Feder und Dinte, und zwey Bücher, mein ganzes Rüstzeug.« Auch das genau geführte Haushaltsbuch des Vaters verzeichnet ab 1771 deutlich gestiegene Ausgaben für Papier, Tinte, Federkiele und Kerzen.

Goethe hat seinen Arbeitsraum zwei Mal gezeichnet. Die erste Zeichnung ist insbesondere durch das Interieur und die übrigen im Zimmer verteilten Gegenstände interessant. Ein junger Mann

Goethes Elternhaus am Großen Hirschgraben in Frankfurt am Main, aquarellierte Federzeichnung von Friedrich Wilhelm Delkeskamp, 1822/23

Goethe in seinem Frankfurter Arbeitszimmer, eigenhändige aquarellierte Bleistiftzeichnung, 1768/1775

sitzt schreibend in einem barocken Stuhl mit hoher Lehne vor einem Tisch mit gedrechselten Beinen, der unter einem Fenster steht. Ob Goethe hier ein Selbstporträt geschaffen hat, ist fraglich, weil eine markante physiognomische Ähnlichkeit zwischen der dargestellten Figur und dem Dichter nicht erkennbar ist. Zu sehen ist außerdem eine Staffelei mit einem Landschaftsbild; davor befindet sich ein Tisch mit geschwungenen Beinen, auf dem eine Flasche und ein Glas stehen. An der Wand hängen Kleider, ein Dreispitz und darüber verschiedene Gipsabdrücke. Eine geöffnete Truhe, aus der Kleider oder Tücher hervorquellen, fällt ins Auge. Ein einzelner, auf dem Boden liegender Schuh unterstreicht den Eindruck von kreativer Unordnung. Die Kunsthistorikerin Petra Maisak hat darauf hingewiesen, dass diese Zeichnung an Interieur- und Atelierbilder im niederländischen Stil erinnert, wie sie etwa bei den Frankfurter Malern Justus Juncker oder Daniel Bager anzutreffen sind. In ihrer Konzeption ist die Zeichnung also durch Vorlagen geprägt. Trotzdem kann man davon ausgehen, dass sie den Lebensbereich des »jungen« Goethe getreu wiedergibt. Goethe betrachtete das »Giebelzimmer« als Atelier und stattete es mit Utensilien eines bildenden Künstlers aus, was durchaus zu verschiedenen Äußerungen passt, mit denen er sich – wie im Brief an Herder vom 7. Dezember 1772 – als »ganz Zeichner« charakterisiert.

Einen authentischeren, weil detaillierteren Blick in das Frankfurter Arbeitszimmer erhalten wir durch eine weitere Zeichnung, die sich im Brief an Augusta von Stolberg vom 7. bis 10. März 1775 findet. Obwohl

Goethes Frankfurter Arbeitszimmer, Skizze im Brief an Augusta von Stolberg, 7.–10. März 1775

GOETHE ÜBER ZEICHNUNGEN SEINES FRANKFURTER ARBEITSZIMMERS IN »DICHTUNG UND WAHRHEIT«

So vielfach war ich in meiner Einsamkeit beschäftigt, um so mehr als die verschiedenen Geister der mancherlei Liebhabereien, denen ich mich nach und nach gewidmet, Gelegenheit hatten wieder herzutreten. So kam es auch wieder an's Zeichnen, und da ich immer unmittelbar an der Natur oder vielmehr am Wirklichen arbeiten wollte, so bildete ich mein Zimmer nach, mit seinen Möbeln, die Personen die sich darin befanden, und wenn mich das nicht mehr unterhielt, stellte ich allerlei Stadtgeschichten dar, die man sich eben erzählte und, woran man Interesse fand.

(WA I, 27, S. 212)

Goethe mit der Skizze zuerst die Absicht verfolgte, die Adressatin über seine äußeren Lebensumstände zu informieren, spiegeln Brief und Zeichnung in ihrer Kombination die schwierige persönliche Lage, in der sich Goethe nach der Lösung seiner Verlobung mit Lili Schönemann befand. Text und Bild illustrieren die Sorge vor einer unbestimmten Zukunft, die mit Stimmungswechseln und quälenden Fragen nach adäquaten künstlerischen Ausdrucksmöglichkeiten einherging. Das zeigt sich im spontanen und erkennbar impulsiven Wechsel vom Schreiben zum Zeichnen, den Goethe nach Anfertigung der Zeichnung auf der folgenden Briefseite mit den Worten kommentiert: »Geseegnet der gute Trieb der mir eingab statt allen weitern Schreibens, Ihnen meine Stube, wie sie da vor mir steht, zu zeichnen. Adieu.« Goethe suggerierte mit der Zeichnung seines Arbeitszimmers wiederum den Eindruck einer »Künstlerwerkstatt«, deren Wände »mit halbfertigen Arbeiten besteckt und behangen« waren (»Dichtung und Wahrheit«). Doch der Blick in das Zimmer ist differenzierter. Der Zeichnung liegt nun eine andere Raumperspektive zugrunde und diesmal ist keine Person im Zimmer anwesend. Die Staffelei (ergänzt um einen Buch- oder Notenständer, auf dem ein aufgeschlagenes Buch liegt) dominiert den sparsam eingerichteten Raum. Schreibtisch und Stuhl vor dem Fenster sind nur ausschnitthaft am linken Bildrand zu sehen, die Perspektive des Zeichners rückt nun den Tisch mit den geschwungenen Beinen, auf dem zahlreiche Bücher liegen, ins Blickfeld und gewährt außerdem einen Blick auf das einfache Bett am rechten Bildrand. Betont wird der lebensunmittelbare Charakter der Szenerie, aber auch unterschiedlichste künstlerische Interessen des Bewohners werden visualisiert. Ein ovaler Beistelltisch links neben dem Bett, eine geschlossene Truhe unter dem Tisch (auf der anderen Zeichnung war sie geöffnet) und ein linkerhand sichtbarer Schrank komplettieren die zweckmäßige, aber keineswegs dekorative Möblierung. Auf dem Schrank sind Büsten aufgestellt, die Goethe sammelte. Die Wand ist über und über mit Blättern bedeckt, wohl eigene Zeichnungen, Porträtsilhouetten von Freunden und Stiche nach Köpfen Raffaels. Anders als die erste Zeichnung folgt diese zweite keinem Bildmuster, auch wenn die Schraffierungen und die Verteilung von Licht und Schatten an Radierungen Rembrandts erinnern und wohl auch erinnern sollen. Der Brief als Ort der Zeichnung setzte andere Akzente, der Schreiber/Zeichner wollte auf übermäßige Inszenierung verzichten – und dennoch ist die Zeichnung ein künstlerisches Bekenntnis. Der gesamte Raum hat trotz und gerade wegen seiner Privatheit eine bohemeartige Atmosphäre und setzt insofern Zeichen, als sie mit Goethes Sturm-und-Drang-typischer Impulsivität und Arbeitsweise, aber auch mit damals geläufigen physiognomischen Vorstellungen in Zusammenhang zu bringen sind. So sollten »Kleider und Hausrath eines Mannes sicher auf dessen Charakter schließen« lassen, jegliche Äußerlichkeit ihn aber auch »modificiert« und »verhüllt« präsentieren, wie es 1774 in einem für Lavater gedachten Fragment mit dem Titel »Von der Physiognomik überhaupt« heißt. Der äußere Habitus eines

Ansicht von Goethes Gartenhaus im Ilmpark

Zeichnung von Georg Melchior Kraus, o. J.

Menschen und sein Lebensambiente war Goethes Meinung nach Ausgangspunkt jedweder existentiellen Erfahrung, Selbsterforschung und künstlerischen Aneignung. Noch eine spätere Reflexion über die Auswirkung von Räumen auf die Kreativität zeigt, dass für ihn eine »prächtige Wohnung« keineswegs Garant für gelingendes Künstlertum war: »Geringe Wohnung dagegen«, bekennt Goethe am 23. März 1829 gegenüber Eckermann, »wie dieses schlechte Zimmer, worin wir sind, ein wenig unordentlich ordentlich, ein wenig zigeunerhaft, ist für mich das Rechte; es läßt meiner inneren Natur volle Freyheit thätig zu seyn und aus mir selber zu schaffen«.

»Ganz simpel aber schöne Formen« – Goethes Arbeitsplatz im Gartenhaus

Goethes erster fester Wohnsitz in Weimar war das Gartenhaus im Ilmpark, das »alte Hausgen« im »Gärtgen vorm Thore an der Ilm«, wie er es Ende Mai 1776 gegenüber Augusta von Stolberg nennt. Das Gartenhaus ist allein schon durch seine Lage ein Solitär. Aber auch die auffallend schlichte und einfache Architektur fällt aus dem Rahmen. Das aus dem 16. Jahrhundert stammende Haus entsprach in der Goethezeit einer Vorliebe für strenge Proportionen. Goethe orientierte sich nicht nur bei den Umbauten von Haus und Garten an diesem Ideal, die Abkehr von üppiger Dekoration spiegelt sich auch in den wenigen authentischen Möbelstücken, die heute im Gartenhaus noch zu besichtigen sind. Zweckmäßigkeit statt Repräsentation und die Konzentration auf das Wesentliche bestimmen den Charakter des

Goethes Arbeitszimmer im Gartenhaus mit Stehpult und Sitzbock, Fotografie, o. J.

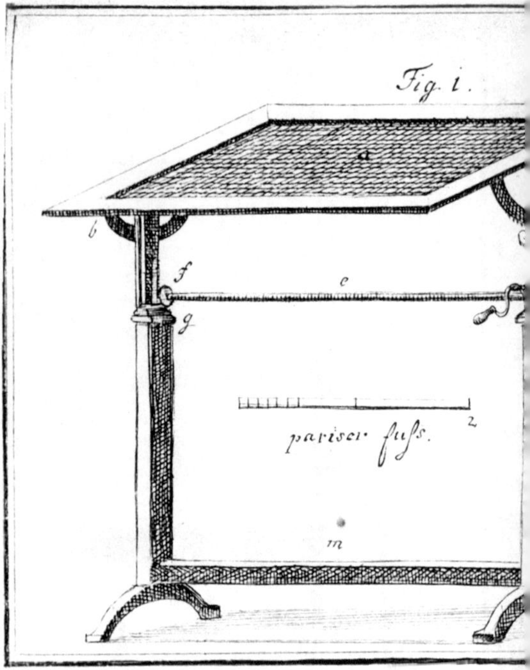

Interieurs. Einen Teil dieser Möbel fertigte der »herzogliche Hofebenist und Tafeltischler« Johann Martin Mieding, der seit 1775 auch eine Reihe von Bühnenbildern für Aufführungen des Weimarer »Liebhabertheaters« schuf. Als Mieding 1782 starb, widmete Goethe ihm das berühmte Gedicht »Auf Miedings Tod«. Für das Gartenhaus fertigte der Tischler, der seine Werkstatt am heutigen Herderplatz hatte,

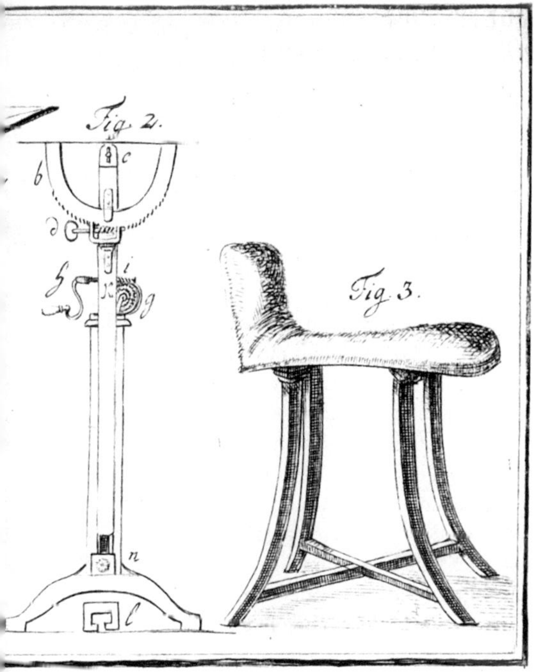

»Ein mechanischer Schreibtisch zum Stehen nebst Stuhl«, Kupfertafel im »Journal des Luxus und der Moden«, Mai 1786

einen mit Birnbaumfurnier geschmückten, eleganten Aufsatz-Schreibtisch, Tafelstühle, ja sogar eine Hundehütte. Diese Möbel – in Miedings Rechnung wird die Form der Stühle als »antik« bezeichnet –

GOETHE ÜBER DAS NÄCHTLICHE SCHREIBEN

Die Ausübung dieser Dichtergabe konnte zwar durch Veranlassung erregt und bestimmt werden; aber am freudigsten und reichlichsten trat sie unwillkürlich, ja wider Willen hervor.

Durch Feld und Wald zu schweifen
Mein Liedchen wegzupfeifen,
So ging's den ganzen Tag.

Auch bei'm nächtlichen Erwachen trat derselbe Fall ein, und ich hatte oft Lust, wie einer meiner Vorgänger, mir ein ledernes Wamms machen zu lassen, und mich zu gewöhnen im Finstern, durch's Gefühl, das was unvermuthet hervorbrach zu fixiren. Ich war so gewohnt mir ein Liedchen vorzusagen, ohne es wieder zusammenfinden zu können, daß ich einigemal an den Pult rannte und mir nicht die Zeit nahm einen quer liegenden Bogen zurecht zu rücken, sondern das Gedicht von Anfang bis zu Ende, ohne mich von der Stelle zu rühren, in der Diagonale herunterschrieb. In eben diesem Sinne griff ich weit lieber zu dem Bleistift, welcher williger die Züge hergab: denn es war mir einigemal begegnet, daß das Schnarren und Spritzen der Feder mich aus meinem nachtwandlerischen Dichten aufweckte, mich zerstreute und ein kleines Product in der Geburt erstickte.

(»Dichtung und Wahrheit«; WA I, 29, S. 14 f.)

GOETHE IM GESPRÄCH MIT SULPIZ BOISSERÉE ÜBER DAS SCHREIBEN (8. AUGUST 1815)

Konfession, daß ihm die Gedichte auf einmal und ganz in den Sinn kämen, wenn sie recht wären, dann müsse er sie aber gleich aufschreiben, sonst finde er sie nie wieder; darum hüte er sich, auf den Spaziergängen etwas auszudenken. Es sei ein Unglück, wenn er es nicht ganz im Gedächtnis behalte; sobald er sich besinnen müsse, würde es nicht wieder gut. – Auch ändere er selten etwas.

(G 2, S. 1043)

GOETHE: AUS »DER EWIGE JUDE« (1774/75)

Um Mitternacht wohl fang ich an,
Spring aus dem Bette wie ein Toller;
Nie war mein Busen seelevoller,
Zu singen den gereisten Mann,
Der Wunder ohne Zahl gesehn,
…
Und hab ich gleich die Gabe nicht
Von wohlgeschliffnen leichten Reimen;
So darf ich doch mich nicht versäumen,
Denn es ist Drang und so ist's Pflicht.
…
Und ich, mir fehlt zu Nacht der Kiel,
Ergreiff wohl einen Besenstiel.
Drum hör' es denn, wenn dir's beliebt,
So kauderwelsch wie mir der Geist es giebt.

(WA I, 38, S. 55)

entsprachen Goethes Geschmack, denn er war für die Möblierung des Gartenhauses auf der Suche nach Stücken, die – wie er am 15. Juni 1778 gegenüber Adam Friedrich Oeser betonte – »ganz simpel« sind, »aber schöne Formen« aufweisen.

Das Stehpult und der hohe gepolsterte Sitzbock im Arbeitszimmer sind die überraschendsten Beispiele für diese Suche nach nützlichen und einfachen Möbeln, an denen sowohl amtliche als auch literarische Arbeiten gleichermaßen effizient erledigt werden konnten. Dabei fällt das Stehpult weniger aus dem Rahmen, denn auch am Frauenplan nutzte Goethe später ein Stehpult; Herder und Schiller sowie viele andere Schriftsteller nach ihnen arbeiteten ebenfalls zeitweise im Stehen. Das Stehpult im Gartenhaus ist etwa 120 Zentimeter hoch, hat auf der Vorderseite zwei Schubladen und ein Ablagefach sowie auf der rechten Seite unmittelbar unter der schrägen Schreibfläche eine weitere kleine Schublade. Auffallend ist allerdings der einem Pferdesattel nachempfundene Sitzbock. Er ruht auf vier langen schräggestellten Beinen und hat eine Sitzhöhe von 90 Zentimetern, die ein entspanntes Sitzen ermöglicht und gleichzeitig Becken und Rücken entlastet.

Ein solches Möbelensemble aus Pult und Sitzgelegenheit galt als modern und wurde im »Journal des Luxus und der Moden« in Text und Bild vorgestellt, wobei die ergonomischen Vorteile aus der Abwechslung von Stehen und Sitzen gelobt wurden: »Ist man vom Stehen ermüdet, so dienet der Stuhl, oder sogenannte Esel [...] auf dem man schrittlings wie auf einem Sattel sitzt, und der gerade so hoch seyn muß,

Das Bibliothekszimmer in Goethes Gartenhaus in Weimar, Fotografie, o. J.

daß man noch halbstehend sitzen kann, zum Ausruhen, und verstattet dabey auch immer dem Körper die aufrecht gerade Stellung, damit der Unterleib nicht den schädlichen Druck des Sitzens leide. Die Erfahrung spricht für die Nützlichkeit und Bequemlichkeit dieses Meuble.« Das Schreiben am Pult schien sich nicht nur positiv auf die Körperhaltung auszuwirken, es hatte im Falle von Goethe auch eine poetisch anregende Dimension. Dieser zählt zu den sogenannten Kopfarbeitern, also zu jenen Autoren, die einen Text nicht auf dem Papier konzipierten, sondern ihn schon weitgehend »im Sinne beisammen haben«, bevor sie ihn niederschrieben oder diktierten. Die Niederschrift geschah dann meistens spontan, wobei offensichtlich das Schreibpult ein geeignetes, den Schreibprozess beförderndes Hilfsmittel war. Wenn ein Gedicht »unvermuthet hervorbrach«, erläutert Goethe in »Dichtung und Wahrheit«, rannte er »einigemal an den Pult«, ohne sich Zeit zu nehmen, »einen quer liegenden Bogen zurecht zu rücken, sondern das Gedicht von Anfang bis zu Ende, ohne mich von der Stelle zu rühren, in der Diagonale« herunterzuschreiben.

Im Vergleich zum Frankfurter Arbeitszimmer definierte Goethe seinen Arbeitsbereich im Gartenhaus nun genauer, was etwa am separaten Bibliothekszimmer mit Regalen, Mappenschränken und einem zusätzlichen Schreibtisch erkennbar ist. Der auffallende Schreibplatz mit Pult und Sitzbock verfolgte jedoch erneut die Absicht, die Individualität seiner Arbeitsweise zu betonen. Bewusst nutzte Goethe wiederum schlichte Möbel, die im Diskurs der Zeit allerdings als hochmodern, bequem und körperfreundlich galten.

»In treuer Künstlergesellschaft« – Wohnen und Schreiben in Rom

Einen Tag nach seiner Ankunft in Rom am 29. Oktober 1786 bezog Goethe ein kleines Gästezimmer in der Wohnung, die der Maler Johann Heinrich Wilhelm Tischbein in der Via del Corso gemietet hatte. In diesem »schöne[n] Quartier«, berichtet Goethe am 1. November nach Weimar, lebe er in »Ruh und Häusliche[m] Frieden« mit Tischbein und zwei weiteren Malern zusammen. Obwohl diese Künstlergemeinschaft einen anderen Alltag als den gewohnten mit sich brachte, fühlte sich Goethe hier ausgesprochen wohl, denn er konnte seine Lebensführung freier gestalten als in Weimar und den dortigen einengenden Verpflichtungen. Tischbeins Skizze, die den lesenden Goethe leger zurückgelehnt auf einem Stuhl sitzend zeigt, ist zum Symbol geworden für dieses neue Lebensgefühl als »Künstlerbursche« wie Herder den »römischen« Goethe später nannte.

Dieses Künstlerhaus mit seiner anregenden Atelier-Atmosphäre war der Ausgangspunkt für eine intensive Erkundung der Stadt, bot aber auch Rückzugsmöglichkeiten, vor allem für die Erledigung des morgendlichen Schreib-»Pensums« sowie die intensiven Zeichen- und Malübungen. Die Versfassung der »Iphigenie« etwa schrieb Goethe morgens im Bett. In gewisser Weise kehrte er in Rom in sein Frankfurter Arbeitszimmer zurück, das ja schon eine Anmutung von künstlerischer Boheme hatte. Es war also nur konsequent, dass Goethe für das Melderegister der Pfarrei Santa Maria del Popolo als Beruf »pittore« angab.

Tischbein hielt in einer Reihe von flüchtig skizzierten Bleistiftzeichnungen das ungezwungen-fröhliche und manchmal ausgelassene Leben in der Via del Corso fest. Trotz ihres anekdotisch überzeichneten Charakters geben sie in Kombination mit Briefzeugnissen einen anschaulichen Einblick in die Räume und das Interieur dieser Künstler-Wohngemeinschaft. Tischbeins Skizzen illustrieren den Umgang der Bewohner miteinander, ihre Alltagsrituale und ihre individuellen künstlerischen Arbeitssphären; sie sind bisweilen regelrechte kleine Erzählungen. Goethe bezeichnete diese Skizzen 1821 rückblickend als Tischbeins »römische Scherze«, stellte deren Realität mitsamt ihrer Unkonventionalität aber nie in Abrede. Das Zentrum der lebendigen Wohnung mit vielen Besuchern war Tischbeins Studio mit einem großen runden Tisch in der Zimmermitte, an dem gegessen, aber auch gezeichnet, geschrieben, betrachtet und diskutiert wurde. Zu den täglichen Ritualen gehörte es, dass man sich nach dem Abendessen um den Tisch versammelte und die künstlerische Ausbeute des Tages begutachtete. Zusammenleben und Arbeiten waren oftmals das Ergebnis spontaner Improvisation, doch es sind auch Strukturen erkennbar. Die drei Maler benötigten nämlich eine feste Apparatur wie etwa ihre Staffeleien zum Arbeiten, wohingegen Goethe überall einen Schreibplatz finden konnte, sich offenkundig mit jeder Lösung arrangierte und seine Arbeitsplätze immer wieder wechselte. Trotz aller Gemeinschaftlichkeit hatte jeder Mitbewohner ein eigenes Zimmer und damit eine Rückzugsmöglich-

Der lesende Goethe in seiner römischen Wohnung, Federzeichnung von Johann Heinrich Wilhelm Tischbein, 1786/87

Rom. 1787.

Blick auf Rom von der Porta del Popolo aus, Zeichnung von Goethe, 1787

keit. Goethe bewohnte ein an Tischbeins Studio angrenzendes »Klein Stüpgen« (Tischbein an Lavater, 9. Dezember 1786). Obwohl man Wert auf Privatsphäre und Ruhe zum Arbeiten legte, standen die Zimmer allen Bewohnern offen und auch das Mal-, Zeichen- und Schreibmaterial konnte benutzen, wer es gerade wollte. Goethe schreibt etwa am 15. November 1786 spätabends einen Brief an Charlotte von Stein »aus der Tusch Muschel aus welcher gezeichnet worden ist«. Während Tischbeins Abwesenheit durfte er dessen »großen kühlen Saal bewohnen, fleißig in demselben zeichnen und schreiben« (Brief an Herders Kinder und Friedrich von Stein, 30. Juni 1787). Goethes kleines »Stüpgen« war nämlich nur spärlich mit Bett und Tisch – eher ein Nachttisch mit Blumenvase und Öllampe – möbliert, wie Tischbeins Zeichnung »Das verfluchte zweite Kissen« zeigt.

Schrank und Regale gab es nicht, sodass Goethe sich mit Provisorien bei der Aufbewahrung seiner persönlichen Dinge behelfen musste. Die in Rom erworbenen Gipsabgüsse befinden sich auf einem Brett, das auf Büchern und Folianten aufliegt. Darunter steht eine Reisekiste, in der er wohl seine Kleidung verwahrte. An den Wänden über dem Kopfende des Bettes hängen Porträtzeichnungen und unter dem Nachttischchen liegt ein Kleidungsstück. Ein Hammer für geologische Untersuchungen befindet sich auf dem Boden vor der Reisekiste. Ein Arbeitstisch ist auf dieser Zeichnung zwar nicht zu sehen. Tisch und Stühle waren aber vorhanden, das zeigen andere Zeichnungen Tischbeins. Der Tisch konnte für ein »Abendgespräch« an das Bett, in dem Goethe mit Nachtmütze und Feder in der Hand lag, herangerückt werden.

In den wechselnden Provisorien dieser Unterkunft intensivierte Goethe sein Schreiben, wozu die vielfach improvisierte Wohnsituation offenkundig positiv beitrug. Dennoch zog Goethe später in frei gewordene Zimmer im Stockwerk über Tischbeins Künstlerwohngemeinschaft, einerseits, um mehr Platz für die Unterbringung der zahllosen Gipsabgüsse, andererseits aber auch, um mehr Freiraum zu haben. Goethes Italienaufenthalt war inzwischen zunehmend von der Erfahrung geprägt, dass das Talent zwar durch ein »bewegte[s] arbeitsame[s] Leben« angeregt wird, dass dazu aber auch eine »genaue und reinliche Fertigkeit« gehört, wie er in der »Italiänischen Reise« bekennt. An dem Maler Christoph Heinrich Kniep, der ihn 1787 nach Neapel und Sizilien begleitete, schätzte Goethe deshalb wohl mit Blick auf das eigene Schreiben den formalen Rahmen, den dieser seinen Zeichnungen gab: »Das Papier, worauf gezeichnet werden soll, mit einem rechtwinklichen Viereck zu umziehen, versäumt er niemals, die besten englischen Bleistifte zuspitzen, und immer wieder zuspitzen, ist ihm fast eine ebenso große Lust als zu zeichnen; dafür sind aber auch seine Conture was man wünschen kann.« Auch Arbeitsplätze – so darf man Goethes Bemerkung wohl erweitern – verlangen nach »Conture«, eine Einsicht, die Goethe später im Arbeitszimmer seines Weimarer Wohnhauses eindrucksvoll verwirklicht hat.

»Das verfluchte zweite Kissen«, Federzeichnung von Johann Heinrich Wilhelm Tischbein, Frühjahr 1787

Die »Hauscanzley«

Unser Bild von Goethes Arbeitszimmer im rückwärtigen Teil seines Wohnhauses am Weimarer Frauenplan ist durch ein Gemälde von Johann Joseph Schmeller geprägt, das weitgehend der heutigen musealen Situation entspricht. Schmellers Bild hängt seit 1840 in der Großherzoglichen Bibliothek (Herzogin Anna Amalia Bibliothek) und ermöglichte bis zur Eröffnung des Goethe-Hauses 1885 als Museum den einzigen Blick in Goethes Arbeitsraum.

Goethe steht mit auf dem Rücken verschränkten Armen an einem Frühjahrsmorgen um sieben Uhr in seinem Arbeitszimmer und diktiert dem am Tisch sitzenden Schreiber Johann August Friedrich John. Goethes eigentlicher Schreibtisch am rechten Bildrand ist nur ausschnitthaft zu sehen. Dieses Gemälde, zwei Jahre nach Goethes Tod entstanden, zeigt einerseits das schlichte Interieur mit dem großen Tisch in der Zimmermitte, betont aber andererseits die Arbeitsgewohnheiten des »späten« Goethe, wozu das tägliche Diktat am Vormittag gehörte.

Der Umbau des Hauses in den frühen 1790er-Jahren und besonders der Ausbau des rückwärtigen Gebäudetrakts boten die Chance für eine Neugestaltung des Arbeitszimmers. Im Vergleich zu allen anderen Arbeitsplätzen Goethes orientierten sich Raum und Interieur nun konsequent an den täglichen Gewohnheiten und Arbeitsabläufen. Der Raum war sicherlich nicht das Ergebnis einer Planung am Reißbrett oder ästhetischer Erwägungen, sondern das Resultat von Erfahrung und dem Wunsch nach Effizienz. Goethe benötigte zuerst ein Arbeitszim-

Goethe, seinem Schreiber Johann August Friedrich John diktierend, Gemälde von Johann Joseph Schmeller, 1834

mer, in dem er dienstliche und literarische Arbeiten erledigen konnte. Außerdem wollte er alle benötigten Unterlagen schnell zur Hand haben.

Allein die Arbeit an der Druckvorlage für die 40-bändige Werkausgabe »letzter Hand« war trotz der Unterstützung durch Mitarbeiter eine organisatorische und philologische Meisterleistung, denn zwischen 1827 und 1830 erschienen pro Jahr zehn Bände – fünf im Frühjahr und fünf im Herbst. Solche

Goethes Wohnhaus am Frauenplan in Weimar, Stich von einem unbekannten Künstler, o. J.

Der Schreiber Johann August Friedrich John während eines Diktats, Kohlezeichnung von Johann Joseph Schmeller, 1831

Großprojekte erforderten einen gut funktionierenden Arbeitsplatz, und auch die eigentlichen literarischen Werke und naturwissenschaftlichen Studien, die Goethe in diesem Zimmer in großer Zahl verfasste, konnten nur in einem passgenauen Kontext gelingen. Goethe wollte umherlaufen und gleichzeitig diktieren. Diktieren und Laufen dienten der Konzentration, stimulierten aber auch die Gedankengänge besser als das Sitzen am Schreibtisch vor dem leeren weißen Blatt, sodass er am 6. Juni 1820 gegenüber Zelter sogar von der »Dictirseligkeit« sprach. Goethe diktierte amtliche Schriftstücke, Briefe, literarische oder wissenschaftliche Texte und sogar Tagebucheinträge, die der jeweilige Sekretär dann ins Reine schrieb. Dazu begab sich der Schreiber in das Schreibzimmer, das sich hinter Goethes Schlafzimmer befand. Nur mithilfe des Diktats ließ sich Goethes enormes Arbeitspensum bewältigen.

Offenbar lösten von Sekretären geschriebene und von Goethe nur noch unterzeichnete Privatbriefe Irritationen aus. Im Oktober 1808 entschuldigt sich Goethe bei einer Adressatin dafür mit dem Hinweis: »Wenn ich im Zimmer auf und abgehe, mich mit entfernten Freunden laut unterhalten kann und eine vertraute Feder meine Worte auffängt; so kann etwas in die Ferne gelangen.«

Zum Umherlaufen gehörten die auf dem Rücken verschränkten Hände. Diese »gerade Haltung« empfahl Goethe, wie Theodor Kräuter überliefert, als »heilsame Stellung« allen seinen Bekannten. Johann Christian Schuchardt hat 1856 über diese Haltung, das Herumlaufen und die damit verbundene Arbeits-

JOHANN CHRISTIAN SCHUCHARDT ÜBER DEN DIKTIERENDEN GOETHE

Während des Diktierens kam es auch nicht selten vor, daß Goethe plötzlich stehen blieb, wie man etwa tut, wenn man eine Gruppe Menschen oder einen andern Gegenstand unvermutet vor sich sieht, welche die augenblickliche Aufmerksamkeit auf sich ziehen. Diese schien er sofort künstlerisch zu gestalten und zu gruppieren. Mit ausgebreiteten Händen und unter Beugung des Körpers nach der einen oder andern Seite brachte er den Gegenstand ins Gleichgewicht und in kunstgerechte Stellung. War ihm das gelungen, so rief er gewöhnlich: »So recht! ganz recht!«
Anfangs wurde es mir fast unheimlich bei dieser Unterhaltung mit der unsichtbaren Gesellschaft, seinen eignen Kunstgebilden. Es wurde mir aber dadurch anschaulich klar, daß die ganzen Figuren und Situationen, der ganze Verlauf der Handlung, lebendig vor seiner Seele vorüberzogen. Es wird dadurch erklärlich, was in verschiedener Weise schon öfter bemerkt worden ist, daß Goethes Darstellungen klar, wahr und lebendig sind: es sind keine bloßen Reflexionen, es sind künstlerische Anschauungen.

(G III.2, S. 302)

Johann Christian Schuchardt, Gemälde von William Kemlein, o. J.

methode des Memorierens, Abstrahierens und der permanent abrufbaren Imaginationsfähigkeit, die keinen Unterschied zwischen beruflicher, gelehrter oder dichterischer Täligkeit machte, mit Ehrfurcht vor der »Kraft, Sicherheit und Klarheit« von Goethes »Geist« Folgendes berichtet: »Wie beim Anklopfen das kräftige *Herein!* ertönte, beendigte ich den letzten Satz und wartete, bis der Anwesende sich wieder entfernte. Da wiederholte ich so viel, als mir für den Zusammenhang nötig schien, und das Diktieren ging bis zur nächsten Störung fort, *als wäre nichts vorgefallen*. Das war mir doch zu arg, und ich sah mich überall im Zimmer um, ob nicht irgendwo ein Buch, ein Konzept oder Brouillon läge, in das Goethe im Vorübergehen schaute (während des Diktierens wandelte derselbe nämlich ununterbrochen um den Tisch und den Schreibenden herum), aber niemals habe ich das Geringste entdecken können.« Der Moment des kreativen Innehaltens während des Diktats ist in der berühmten Statuette von Christian Daniel Rauch (1828) festgehalten.

Rauch hatte Goethe in der Haltung des stehenden und im Prozess des Nachdenkens befindlichen Dichters im Hausrock gesehen. Seine Darstellung ist nicht nur authentisch, sondern fand wohl auch nach einigen Korrekturen – in den ersten Fassungen fand Goethe sich zu dick – die Billigung des Porträtierten. Auch Friedrich Wilhelm Riemer zeigte sich begeistert: »Es war trefflich im Habitus, ganz der alte Herr im Überrock, wie er geht und steht; von hinten, vorn und nach allen Seiten.« Rauchs Statuette wurde zum ikonografischen Modell und häufig reproduzierten Abbild des schaffenden Goethe, das sicherlich auch die Dichterfigur in Schmellers Gemälde beeinflusst hat.

Kommen wir daher auf das Arbeitszimmer in Schmellers Bild zurück. Schmeller kannte Goethe aus langer Zusammenarbeit und das Arbeitszimmer aus eigener Anschauung. Darauf deuten einerseits

Goethe im Hausrock, Statuette mit Piedestal von Christian Daniel Rauch, 1828

Goethes Arbeitszimmer in seinem Wohnhaus, Fotografie, o. J.

das Fehlen des erst kurz vor Goethes Tod aufgestellten Tisches für die Enkel rechts neben dem Stehpult hin, andererseits Details wie das heruntergelassene Rollo am rechten Fenster, die genaue Wiedergabe des hölzernen Tintenfasses oder die beiden Topfpflanzen auf dem Fensterbrett, eine »Königin der Nacht«, und das für Goethes morphologische Studien wichtige Bryophyllum. Obwohl Schmellers Bild erst nach Goethes Tod im Atelier entstand, hält es über die idealisierte Physiognomie des Dichters hinaus die Topografie des Arbeitszimmers in dem Zustand fest, wie sie bei Goethes Tod regelrecht »eingefroren« wurde. Für Besucher blieb der Raum lange unzugänglich; er galt wie auch die Bibliothek oder das Schlafzimmer immer als Refugium des Dichters. Zum Arbeitszimmer hatten nur Familienmitglieder, Vertraute, Mitarbeiter und wenige ausgewählte Besucher Zutritt. In diesem Zimmer verbrachte Goethe die meiste Zeit. Im Winter verließ er diesen Teil des Hauses kaum, weil die Räume im Gegensatz zu denen auf der Vorderseite gut geheizt werden konnten. Schmellers Bild zeigt das Arbeitszimmer aus der Richtung, aus der es der Besucher heute betritt; die geschlossene Tür im Rücken des Betrachters ist im Spiegel zwischen den Fenstern zu sehen.

Der Raum ist schmucklos, allein der malachitgrüne Wandanstrich hat eine spezielle Bedeutung, denn Goethe hielt Grün in seiner »Farbenlehre« für eine Farbe, die »reale Befriedigung« verschafft (auch die Tapete in Schillers Arbeitszimmer war grün, allerdings war sie gemustert). Über das »einfarbige Zimmer« heißt es: »Man identificirt sich alsdann mit der

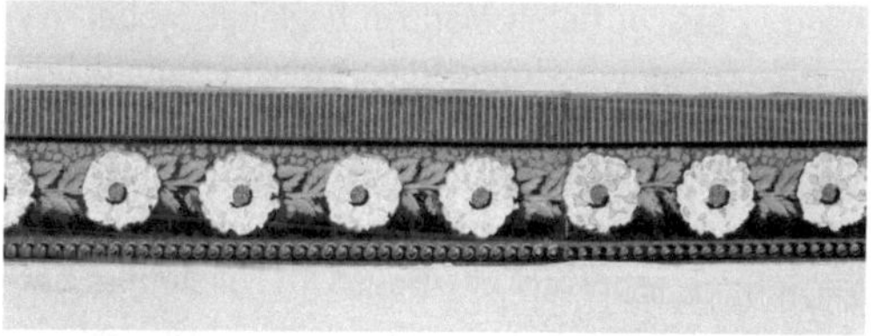

Abschlussbordüre an den Wänden von Goethes Arbeitszimmer in seinem Wohnhaus, Fotografie, o. J.

Farbe; sie stimmt Auge und Geist mit sich *unisono.*« Nur die Abschlussbordüre mit aneinandergereihten Blüten bietet ein wenig Dekor.

In diesem Farbkonzept hatte wohl auch die rötliche Farbe, in der alle Möbel gehalten sind, eine Bedeutung. Insgesamt entsteht ein Bild von Kontrast und Schlichtheit, denn die Möbel wurden nicht aus ästhetischen Gründen ausgewählt, sondern allein im Hinblick auf den Nutzen und die täglichen Arbeitsabläufe. Dabei ist kein Unterschied erkennbar, ob dieser beinahe asketisch wirkende Raum für dienstliche Tätigkeiten, für Besprechungen oder für das gelehrte Studium und die literarische Produktion genutzt wurde. Es ist ein in jeder Hinsicht zweckmäßiges, strukturiertes und variabel nutzbares Arbeitszimmer. Goethe hat es mehrfach als seine »Hauscanzley« bezeichnet und seine Mitarbeiter und Schreiber nannte er »Canzleygenossen«. Die Arbeitsorganisation in der »Hauscanzley« orientierte sich an der zeitgenössischen Verwaltungspraxis und wurde von einer durchdachten Ablage der Papiere in beschrifteten Mappen begleitet, wobei man wiederum keinen Unterschied zwischen amtlichen, persönlichen und literarischen Papieren machte. Sie spiegelte sich sogar in der Verwendung der Papiere für das Diktat wider, bei denen es sich um in der Verwaltung gebräuchliche Bogen im Folioformat handelte, die halbseitig zu Spalten geknickt wurden. Der Schreiber beschrieb jeweils nur eine Spalte, sodass Goethe die andere – leere – Spalte für Korrekturen und Ergänzungen nutzen konnte.

Das Zimmer wird dominiert von Möbeln, die dem Schreiben und Studieren oder der Aufbewahrung von Materialien, Akten und Büchern dienen. Zuletzt befanden sich sieben Tische im Zimmer. Christiane Holm hat darum von einer »Schreibtischlandschaft« gesprochen, die hier entstanden war und in der kein einzelner Ort präzise als »genius loci« auszumachen war. In der Mitte des Zimmers befindet sich ein unauffälliger, an zwei Seiten ausklappbarer Tisch, um den herum vier Stühle gruppiert sind. Allein die Stühle wirken modern, denn sie sind im damals beliebten Chippendale-Stil mit dem typischen Maßwerkschmuck in den Rückenlehnen gearbeitet.

Auf dem Tisch findet sich neben einem Armkissen ein mit marmoriertem Papier ausgeschlagener Pappkasten, in dem sich Tintenfass, Streusanddose, geschnittene Gänsefedern, ein kleines Glas sowie ein Schächtelchen mit Bindfaden und einem Stück Papier befinden. Tintenfass und Streusanddose, beide aus preiswerten heimischen Hölzern gefertigt, sind wiederum schlichte und robuste Gebrauchsgegenstände, die sowohl vom Dichter als auch von den

Goethes Tintenfass, Streusanddose und Gänsekielfedern, Tintenfass: Drechselarbeit aus Esche, um 1825

Schreibern benutzt wurden. Goethe schätzte offenkundig diesen Typus von Tintenfässern und schenkte Frédéric Soret 1823 zum Dank für seine Übersetzung der »Metamorphose der Pflanzen« ins Französische ein ähnliches Exemplar.

Umgeben ist dieser Mittelpunkt von schlichten, aus einfachen Hölzern gefertigten Nutzmöbeln wie Repositorium, Lese-/Schreibpult, Schreibtisch, Regal und Schrank, die durch ihre Schmucklosigkeit in deutlichem Kontrast zum repräsentativeren Interieur des Vorderhauses stehen. Nur der modische, neogotische Bücherschrank aus Pappelmaserholz fällt aus dem Rahmen. Ihn hatte Ottilie von Goethe gegen den anfänglichen Widerstand ihres Schwiegervaters aufstellen lassen; darin wurden dann vorwiegend Goe-

Tintenfass als Geschenk für Frédéric Soret mit einer Widmung auf der Wandung: »Herrn Soret zu täglichem Erinnern Februar 2. 1823. Glück wünschend. Goethe.«, Drechselarbeit aus Ahorn mit Kerbschnitt und schwarzer Aufschrift

thes literarische Manuskripte aufbewahrt. Schmückende Kunstgegenstände fehlen im Arbeitszimmer. Einzig eine Reihe von Erinnerungsstücken, Geschenken und naturwissenschaftlichen Schaustücken sind über die verschiedenen Möbelflächen verteilt. Sie haben aber keine dekorative Funktion im eigentlichen Sinne und sind vorwiegend Anschauungsstücke. Sie sind auch nicht mit Bedeutung aufgeladen wie die vielen Gegenstände auf den Schreibtischen von Sigmund Freud oder Thomas Mann, die eng mit deren Werk verbunden sind. Auf Goethes Tischen

Sigmund Freuds Schreibtisch in seinem Arbeitszimmer in Wien vor seiner Emigration nach England, Fotografie, 1938

haben die Gegenstände rein funktionale Bedeutung. Sie dienen der Arbeitsorganisation (wie z. B. eine Postkurs-Tabelle) oder sind Werkzeuge für physikalische Experimente und Studien. Nur wenige Dinge haben persönlichen Charakter, manche – wie die aufgefädelten Visitenkarten von Besuchern des Jahres 1831 und der letzten Lebensmonate – erscheinen kurios, spielen jedoch eine Rolle bei Goethes lebenslang praktizierter Protokollierung seiner Tagesabläufe und -inhalte. Private Utensilien und Dokumente befanden sich in den Schreibtischschubladen, waren also dem Blick von Besuchern und Mitarbeitern entzogen. Etwa 150 Bücher – Nachschlagewerke, die eigene Werkausgabe »letzter Hand«, Almanache und Bibeln – stehen als Handapparat auf den Regalen des Schreibtischs. Insgesamt fühlt man sich in ein Büro mit zweckmäßiger Organisation und sinnvoller Logistik versetzt, das von einem Menschen gestaltet wurde, der seine Gewohnheiten genau kannte. Weite Wege zur Bibliothek oder zu den Sammlungen gibt es nicht, denn sie befinden sich in den Nachbarzimmern. Im Arbeitszimmer und in den sich anschließenden Räumen herrschte das Prinzip der Effizienz.

Die Schmucklosigkeit von Goethes Arbeitszimmer wäre jedoch falsch verstanden, wenn man darin ein mangelndes Interesse an Dekoration und Wohnqualität sehen wollte. Die übrigen Räume des Hauses, deren Einrichtung einem subtilen (Bildungs-) Programm folgt, das bis in die Wahl der Wandfarben reicht, hinterlassen einen gänzlich anderen Eindruck. Der Verzicht auf Komfort und der wenig wohnliche Charakter der Privaträume entsprachen Goethes Konzentration auf das »Hauptgeschäft«, das im letzten Lebensjahrzehnt in der Sicherung der Papiere, der Herausgabe seiner Werke in verbindlicher Form und der Vollendung des »Faust« bestand. »Eine Umgebung von bequemen geschmackvollen Meublen«, erläutert er im März 1831 Eckermann, »hebt mein Denken auf, und versetzt mich in einen behaglichen passiven Zustand«, um fortzufahren, dass »prächtige Zimmer und elegantes Hausgeräthe etwas für Leute [sind], die keine Gedanken haben und haben mögen«. Diese Selbstbeschränkung in äußeren

Dingen diente der Konzentration auf das Wesentliche und bedeutete für Goethe Ausdruck seiner kreativen Freiheit. Im Januar 1827 hatte er diesen Aspekt im Zusammenhang mit seinen Wohn- und Arbeitsräumen betont und wiederum gegenüber Eckermann ausgeführt: »Es ist mit der Freyheit ein wunderlich Ding und jeder hat leicht genug, wenn er sich nur zu begnügen und zu finden weiß. Und was hilft uns ein Überfluß von Freyheit, die wir nicht gebrauchen können! Sehen Sie dieses Zimmer und diese angrenzende Kammer, in der Sie durch die offene Thür mein Bette sehen, beyde sind nicht groß, sie sind ohnedieß durch vielerley Bedarf, Bücher, Manuscripte und Kunstsachen eingeengt, aber sie sind mir genug, ich habe den ganzen Winter darin gewohnt und meine vorderen Zimmer fast nicht betreten. Was habe ich nun von meinem geräumigen Hause gehabt und von der Freyheit von einem Zimmer in das andere zu gehen, da ich nicht das Bedürfniß hatte, sie zu benutzen!«

Der Arbeitsplatz als Lebensform

Besucher haben schon zu Goethes Lebzeiten und erst recht nach seinem Tod überrascht auf die Kargheit der privaten Räume, besonders auf die des Arbeitszimmers reagiert. Nach Goethes Tod wirkten Raum und Interieur unansehnlich. Die Dielen waren abgetreten, der Wandanstrich verblasst und der Zahn der Zeit hatte an den Möbeln genagt. Der Schriftsteller Karl Immermann notierte nach einem Besuch im Oktober 1837 enttäuscht: »Dieses kleine, niedrige, schmucklose, grüne Zimmerchen mit den dunkeln

»Göthe's Studirzimmer« im Goethehaus in Weimar, kolorierte Lithografie von Carl August Bernhard von Arnswald, um 1849

KARL IMMERMANN: GOETHES HAUS (4. OKTOBER 1837)

Dieses kleine, niedrige, schmucklose, grüne Zimmerchen mit den dunkeln Rouleaux von Rasch, den abgeschabten Fensterbrettern, den zum Theil morsch gewordenen Rahmen war also der Ort, von dem aus sich eine solche Fülle des glänzendsten Lichtes ergossen hatte! Ich fühlte mich tief bewegt, ich mußte mich zusammen nehmen, um nicht in eine Weichheit zu gerathen, die mir die Kraft zur Anschauung geraubt hätte.
Nichts ist von seiner Stelle gerückt; Kräuter hält mit frommer Strenge darauf, daß jedes Blättchen, jeder Federschnitzel am Orte bleibe, wo er lag, da der Meister entschlief. Noch zeigt die Uhr die Todesstunde, halb zwölf, sie stockte damals, der Zufall schuf ein Wunder-Aehnliches. …

Hier ist jeder Fleck heiliger Boden, und tausend Gegenstände, von denen das Zimmerchen erfüllt ist, reden von dem Wesen und Weben des Geistes. Rings umher an den Wänden laufen niedrige Schränke mit Schiebfächern, in den Scripturen aufbewahrt wurden, darüber befinden sich Repositorien, worein Göthe die Sachen stellte, mit denen er sich eben beschäftigte. Das Holzwerk ist alterbraun, ein Schrank von polirtem und glänzendem Kirschbaum sticht dagegen ab; die Schwiegertochter redete ihm denselben auf, Göthe mochte lange das gleißende Meuble nicht leiden, »das ihn zerstreue«. – Darum ist auch kein Kunstwerk im Zimmer, wie man auch vergeblich sich nach einem Spiegel und Sopha umsieht.

(Das Goethe-Nationalmuseum in Weimar. Hrsg. von Paul Kahl und Hendrik Kalvelage. Bd. 1. Göttingen: Wallstein 2015, S. 95 f.)

Rouleaux von Rasch, den abgeschabten Fensterbrettern, den zum Theil morsch gewordenen Rahmen war also der Ort, von dem aus sich eine solche Fülle des glänzendsten Lichtes ergossen hatte!« Immermann versuchte in Goethes Arbeitszimmer eine Lebensform zu erkennen. Er konzentrierte sich daher nicht ausschließlich auf den Schreibort, sondern auf das Archiv und seine »niedrige[n] Schränke mit Schiebfächern, in den Scripturen aufbewahrt wurden« und auf die darüber befindlichen »Repositorien, worein Göthe die Sachen stellte, mit denen er sich eben beschäftigte«. Er erblickte in dem Zimmer, in dem es kein Sofa zum Ausruhen oder Müßiggang gebe, die Verwirklichung einer Lebensform, die er in die Formel »Fleiß«, »Wahrhaftigkeit« und »Consequenz« fasste und aus der ersichtlich wird, dass Goethes Ordnung seines Arbeits- und Lebensumfeldes eine bewusst gewollte war und seiner Lebensführung und seiner Vorstellung vom Ineinandergreifen von Werk und Archiv entsprach. Am 30. Dezember 1795 hatte Goethe dem in Rom weilenden Maler und Zeichner Johann Heinrich Meyer über die Bedeutung der Baukunst für Kultur und Zusammenleben einen Brief geschrieben, in dessen Zusammenhang er einen Gedanken äußert, der auf seine Arbeitsplätze übertragbar ist: »[…] des Menschen Wohnung ist sein halbes Leben, der Ort wo er sich niederläßt, die Luft die er einathmet bestimmen seine Existenz.«

KALENDARIUM

1. MONTAG I NEUJAHR
Man sollte, sagte er, alle Tage wenigstens ein kleines Lied hören, ein gutes Gedicht lesen, ein treffliches Gemählde sehen, und, wenn es möglich zu machen wäre, einige vernünftige Worte sprechen.

2. DIENSTAG
Wenn du eine weise Antwort verlangst,
Mußt du vernünftig fragen.

3. MITTWOCH
Bei großen Unternehmungen wie bei großen Gefahren muß der Leichtsinn verbannt sein.

4. DONNERSTAG
Und einzig veredelt die Form den Gehalt,
Verleiht ihm, verleiht sich die höchste Gewalt …

5. FREITAG
Des Menschen größtes Verdienst bleibt wohl, wenn er die Umstände so viel als möglich bestimmt und sich so wenig als möglich von ihnen bestimmen läßt.

6. SAMSTAG I HEILIGE DREI KÖNIGE
Die Klugen haben mit einander viel gemein.

7. SONNTAG

Eigenheiten, die werden schon haften;
Cultivire deine Eigenschaften.

8. MONTAG

Die Ruhe der Seele ist ein herrliches Ding und die Freude an sich selbst. Lieber Freund, wenn nur das Kleinod nicht eben so zerbrechlich wäre, als es schön und kostbar ist.

9. DIENSTAG

Das Rechte, das ich viel gethan,
Das ficht mich nun nicht weiter an,
Aber das Falsche, das mir entschlüpft,
Wie ein Gespenst mir vor Augen hüpft.

10. MITTWOCH

Natur- und Kunstwerke lernt man nicht kennen wenn sie fertig sind; man muß sie im Entstehen aufhaschen, um sie einigermaßen zu begreifen.

11. DONNERSTAG

Du weißt was die Gegenwart der Dinge zu mir spricht und ich bin den ganzen Tag in einem Gespräche mit den Dingen.

12. FREITAG

Stein auf Stein, mit gutem Vorbedacht, gibt zuletzt auch ein Gebäude.

13. SAMSTAG

Und dein Streben, sei's in Liebe,
Und dein Leben sei die That.

14. SONNTAG
Pflicht: wo man liebt, was man sich selbst befiehlt.

15. MONTAG
... wem sein Herz nicht sagt, was er sich und andern schuldig ist, der wird es wohl schwerlich aus Büchern erfahren, die eigentlich nur geschickt sind, unsern Irrthümern Namen zu geben.

16. DIENSTAG
... es hat doch im Grunde niemand einen rechten Begriff von der Schwierigkeit der Kunst als der Künstler selbst.

17. MITTWOCH
Wenn du dich selber machst zum Knecht,
Bedauert dich niemand, geht's dir schlecht;
Machst du dich aber selbst zum Herrn,
Die Leute sehn es auch nicht gern;
Und bleibst du endlich wie du bist,
So sagen sie, daß nichts an dir ist.

18. DONNERSTAG
Wie einfach und wie complicirt sind doch alle menschliche Dinge!

19. FREITAG
Sobald du dir vertraust, sobald weißt du zu leben.

20. SAMSTAG | 211. TODESTAG WIELANDS
Mensch und Schriftsteller hatten sich in ihm ganz durchdrungen, er dichtete als ein Lebender und lebte dichtend.

21. SONNTAG

Aber auch der Streit ist Gemeinschaft, nicht Einsamkeit, und so werden wir selbst durch den Gegensatz hier auf den rechten Weg geführt.

22. MONTAG

Frei athmen macht das Leben nicht allein.

23. DIENSTAG

Aus vielen Skizzen endlich ein Ganzes hervorzubringen, gelingt selbst den Besten nicht immer.

24. MITTWOCH

Das Unvernünftige zu verbreiten
Bemüht man sich nach allen Seiten;
Es täuschet eine kleine Frist,
Man sieht doch bald wie schlecht es ist.

25. DONNERSTAG

Das Beste möcht' ich euch vertrauen:
Sollt erst in eignen Spiegel schauen.

26. FREITAG

Toleranz sollte eigentlich nur eine vorübergehende Gesinnung sein: sie muß zur Anerkennung führen. Dulden heißt beleidigen.

27. SAMSTAG

… es kann nichts schaden, wenn man auch das Seltsame mit eigenen Augen sieht.

28. SONNTAG

Laßt fahren hin das allzu Flüchtige!
Ihr sucht bei ihm vergebens Rath;
In dem Vergangnen lebt das Tüchtige,
Verewigt sich in schöner That.

29. MONTAG

Nachsicht erwirbt sich Nachsicht …

30. DIENSTAG

Wenn ihr gegessen und getrunken habt, seid ihr wie neu geboren; seid stärker, muthiger, geschickter zu euerm Geschäft. Der Wein erfreut des Menschen Herz, und die Freudigkeit ist die Mutter aller Tugenden. Wenn ihr Wein getrunken habt, seid ihr alles doppelt was ihr sein sollt, noch einmal so leicht denkend, noch einmal so unternehmend, noch einmal so schnell ausführend.

31. MITTWOCH

Ich lebe sehr diät und halte mich ruhig damit die Gegenstände keine erhöhte Seele finden, sondern die Seele erhöhen.

1. DONNERSTAG
Wenn ich irre, kann es jeder bemerken, wenn ich lüge, nicht.

2. FREITAG | MARIÄ LICHTMESS
Im innern Erdenball pulsiren
Die Kräfte, die zur Nacht uns führen
Und wieder zu dem Tag heran.

3. SAMSTAG
Es ließe sich alles trefflich schlichten,
Könnte man die Sachen zweimal verrichten.

4. SONNTAG
Das Auge war vor allen anderen das Organ, womit ich die Welt faßte.

5. MONTAG
Alles Naturgeschichtliche, das sich uns lebendig näherte, betrachtete ich mit großer Aufmerksamkeit; fremde merkwürdige Thiere, besonders ein junger Elephant, vermehrten unsere Erfahrungen.

6. DIENSTAG
Wer sich nicht nach der Decke streckt,
Dem bleiben die Füße unbedeckt.

7. MITTWOCH
Ihr glücklichen Augen
Was je ihr gesehn,
Es sei wie es wolle,
Es war doch so schön!

8. DONNERSTAG
Mikroskope und Fernröhre verwirren eigentlich den reinen Menschensinn.

9. FREITAG
Soll dein Compaß dich richtig leiten,
Hüte dich vor Magnetstein', die dich begleiten.

10. SAMSTAG
Es ist mit Shakspeare wie mit den Gebirgen der Schweiz. Verpflanzen Sie den Montblanc unmittelbar in die große Ebene der Lüneburger Heide, und Sie werden vor Erstaunen über seine Größe keine Worte finden.

11. SONNTAG

Die Menschen fürchtet nur wer sie nicht kennt,
Und wer sie meidet wird sie bald verkennen.

12. MONTAG I ROSENMONTAG

Die Welt ist ein Sardellen-Salat;
Er schmeckt uns früh, er schmeckt uns spat …

13. DIENSTAG I FASTNACHT

Kinder der Klugheit, o habet die Narren
Eben zum Narren auch, wie sich's gehört!

14. MITTWOCH I ASCHERMITTWOCH

Häufet nur an diesem Tage
Kluger Thorheit Vollgewicht,
Daß mit uns die Nachwelt sage:
Jahre sind der Lieb' und Pflicht.

15. DONNERSTAG

Nicht allein das Angeborene, sondern auch das Erworbene ist der Mensch.

16. FREITAG

Dichter lud ich auch herbei,
Unsre Lust zu mehren,
Die weit lieber ein fremdes Lied
Als ihr eignes hören.

17. SAMSTAG

Die Ausübung dieser Dichtergabe konnte zwar durch Veranlassung erregt und bestimmt werden; aber am freudigsten und reichlichsten trat sie unwillkürlich, ja wider Willen hervor.

18. SONNTAG
Der Mensch erfährt und genießt nichts, ohne sogleich productiv zu werden.

19. MONTAG
Das thu' auf deine eigne Hand.
Denn, wo Gespenster Platz genommen,
Ist auch der Philosoph willkommen.
Damit man seiner Kunst und Gunst sich freue,
Erschafft er gleich ein Dutzend neue.

20. DIENSTAG
Der Vesuv wirft Steine und Asche aus, und bei Nacht sieht man den Gipfel glühen. Gebe uns die wirkende Natur einen Lavafluß. Nun kann ich kaum erwarten, bis auch diese großen Gegenstände mir eigen werden.

21. MITTWOCH
Wir sind nie entfernter von unsern Wünschen, als wenn wir uns einbilden das Gewünschte zu besitzen.

22. DONNERSTAG
Die größten Schwierigkeiten liegen da, wo wir sie nicht suchen.

23. FREITAG
Wenn einer Freundin Wort nicht trösten kann;
So wird die stille Kraft der schönen Welt,
Der guten Zeit dich unvermerkt erquicken.

24. SAMSTAG
Du nun selbst! Was felsenfeste
Sich vor dir hervorgethan,
Mauern siehst du, siehst Paläste
Stets mit andern Augen an.

25. SONNTAG

… wurde ich doch sehr bald gewahr, daß uns die Umgebungen, wir mögen uns stellen wie wir wollen, immer beschränken, und ich fiel daher auf den Gedanken, es sei das Beste uns wenigstens innerlich unabhängig zu machen.

26. MONTAG

Lief' das Brot, wie die Hasen laufen,
Es kostete viel Schweiß, es zu kaufen.

27. DIENSTAG

Die ganze Welt läuft voller Leute, die versorgt seyn wollen und wenn man einmal zu einem Platze einen tüchtigen Mann braucht, so sieht man erst, wie einzeln die brauchbaren Leute gesät sind.

28. MITTWOCH

Willst du dich am Ganzen erquicken,
So mußt du das Ganze im Kleinsten erblicken.

29. DONNERSTAG

Wer will denn alles gleich ergründen!
Sobald der Schnee schmilzt, wird sich's finden.

1. FREITAG | WELTTAG DES BUCHES

Jetzt, da sich eine Weltliteratur einleitet, hat, genau besehen, der Deutsche am meisten zu verlieren; er wird wohl thun, dieser Warnung nachzudenken.

2. SAMSTAG

Alles Gescheidte ist schon gedacht worden, man muß nur versuchen, es noch einmal zu denken.

3. SONNTAG

Nur ein Fremdling, sagt man mit Recht, ist der Mensch hier auf Erden;
Mehr ein Fremdling als jemals, ist nun ein jeder geworden.

4. MONTAG

Der Kopf ist mir wüste vom vielen Schreiben, Treiben und Denken. Ich werde nicht klüger, fordere zu viel von mir und lege mir zu viel auf.

5. DIENSTAG

Ich will Champagner Wein,
Und recht mussirend soll er sein!

6. MITTWOCH

Mancher klopft mit dem Hammer an der Wand herum und glaubt, er treffe jedesmal den Nagel auf den Kopf.

7. DONNERSTAG

Zu neuen Ufern lockt ein neuer Tag.

8. FREITAG

Heinrich! Mir graut's vor dir.

9. SAMSTAG

Ach, was ich weiß, kann jeder wissen – mein Herz habe ich allein.

10. SONNTAG
Das Geschriebene wie das Gethane schrumpft zusammen und wird immer erst wieder was, wenn es aufs neue ins Leben aufgenommen, wieder empfunden, gedacht und gehandelt wird.

11. MONTAG
Sonst wie die Alten sungen,
So zwitscherten die Jungen;
Jetzt wie die Jungen singen,
Soll's bei den Alten klingen.
Bei solchem Lied und Reigen
Das Beste – ruhn und schweigen.

12. DIENSTAG
Auf strenges Ordnen, raschen Fleiß
Erfolgt der allerschönste Preis …

13. MITTWOCH
Ein jeder, weil er spricht, glaubt, auch über die Sprache sprechen zu können.

14. DONNERSTAG
Heut ist heute, morgen morgen,
Und was folgt und was vergangen
Reißt nicht hin und bleibt nicht hangen.

15. FREITAG
Ach! unsre Thaten selbst, so gut als unsre Leiden,
Sie hemmen unsres Lebens Gang.

16. SAMSTAG
Es liegt in meiner Natur, das Große und Schöne willig und mit Freuden zu verehren, und diese Anlage an so herrlichen Gegenständen Tag für Tag, Stunde für Stunde auszubilden, ist das seligste aller Gefühle.

17. SONNTAG

Auch in der That ist Raum für Überlegung.

18. MONTAG

Es bildet ein Talent sich in der Stille,
Sich ein Charakter in dem Strom der Welt.

19. DIENSTAG

Siehe, schon nahet der Frühling; das strömende Wasser verzehret
Unten, der sanftere Blick oben der Sonne, das Eis.

20. MITTWOCH | FRÜHLINGSANFANG

Sobald ein frisches Kelchlein blüht,
Es fordert neue Lieder;
Und wenn die Zeit verrauschend flieht,
Jahreszeiten kommen wieder.

21. DONNERSTAG

… indem ich von niemand etwas weiter verlangte, als was er geben konnte und wollte, ihm weiter nichts anbot als was ihm gemäß war, und mit großer Heiterkeit nahm und gab, was Tag und Umstände brachten; und so hab ich niemanden in seiner Lebensweise irre gemacht.

22. FREITAG | 192. TODESTAG GOETHES

Die Weisheit ist nur in der Wahrheit.

23. SAMSTAG

Das tägliche Leben ist, wie gesagt, lehrreicher, als das wirksamste Buch.

24. SONNTAG
Man erträgt die Unbequemen lieber als man die Unbedeutenden duldet.

25. MONTAG
Güterverlust läßt sich ersetzen, über andern Verlust tröstet die Zeit; nur Ein Übel ist unheilbar: wenn der Mensch sich selbst aufgibt.

26. DIENSTAG
Auch der Aufschub hat seine Freuden.

27. MITTWOCH
Man hält die Menschen gewöhnlich für gefährlicher als sie sind.

28. DONNERSTAG I GRÜNDONNERSTAG
Säen ist nicht so beschwerlich als ernten.

29. FREITAG I KARFREITAG
Doch wo das Grün so dichte
Um Kirch' und Rasen steht,
Da wo die alte Fichte
Allein zum Himmel weht;
Da ruhet unsrer Todten
Frühzeitiges Geschick,
Und leitet von dem Boden
Zum Himmel unsern Blick.

30. SAMSTAG I KARSAMSTAG
Die Peterskirche ist gewiß so groß gedacht, und wohl größer und kühner als einer der alten Tempel, und nicht allein was zwei tausend Jahre vernichten sollten lag vor unsern Augen, sondern zugleich was eine gesteigerte Bildung wieder hervorzubringen vermochte.

31. SONNTAG | OSTERSONNTAG

Der alte Winter, in seiner Schwäche,
Zog sich in rauhe Berge zurück.
Von dorther sendet er, fliehend, nur
Ohnmächtige Schauer körnigen Eises
In Streifen über die grünende Flur …

1. MONTAG | OSTERMONTAG

Keine lockt mich, Ranunkeln, von euch, und keine begehr' ich;
Aber im Beete vermischt sieht euch das Auge mit Lust.

2. DIENSTAG

Allwissend bin ich nicht; doch viel ist mir bewußt.

3. MITTWOCH

Und doch, welch Glück geliebt zu werden!
Und lieben, Götter, welch ein Glück!

4. DONNERSTAG

... und wenn ich dich lieb habe, was geht's dich an?

5. FREITAG

Übrigens ist der Regen keines Menschen Freund, aber wohl der Thiere; denn das Gras wächst schön und die Biertrinker haben sich auch nicht zu beklagen, daß die Gerste nicht geräth.

6. SAMSTAG

Eines schickt sich nicht für alle!
Sehe jeder wie er's treibe,
Sehe jeder wo er bleibe,
Und wer steht, daß er nicht falle!

7. SONNTAG
Wenn ich jemand vorlese, ist es denn nicht als wenn ich ihm mündlich etwas vortrüge? Das Geschriebene, das Gedruckte tritt an die Stelle meines eigenen Sinnes, meines eigenen Herzens …

8. MONTAG
Die Wahl ist schwerer als das Übel selbst,
Das zwischen zweien Übeln schwankend bebt.

9. DIENSTAG
Wie oft schlägt man einen Weg ein und wird davon abgeleitet!

10. MITTWOCH
Ich rede kein vernünftig Wort
Mit einem durch die Brille.

11. DONNERSTAG
Man reist ja nicht, um anzukommen, sondern um zu reisen.

12. FREITAG
Doch gutes Muths! Ein leichter Sinn trägt alles!

13. SAMSTAG
Aber wie sollte die Welt sich verbessern? Es läßt sich ein jeder
Alles zu und will mit Gewalt die andern bezwingen.
Und so sinken wir tiefer und immer tiefer in's Arge.

14. SONNTAG
Wer nicht die Welt in seinen Freunden sieht,
Verdient nicht, daß die Welt von ihm erfahre.

15. MONTAG
Vor dem Gewitter erhebt sich zum letztenmale der Staub gewaltsam, der nun bald für lange getilgt sein soll.

16. DIENSTAG
Das Betragen ist ein Spiegel, in welchem jeder sein Bild zeigt.

17. MITTWOCH
… es muss mit uns wie mit dem Rheinweine alle Jahr besser werden.

18. DONNERSTAG
Es ist daher wohlgethan, von Zeit zu Zeit rückwärts zu schauen, um, indem wir sehen, woher wir gekommen, sicherer zu beurtheilen, wohin wir gehen.

19. FREITAG
Das schöne Wetter hilft zu allem.

20. SAMSTAG
Man weiss erst daß man ist wenn man sich in andern wieder findet.

21. SONNTAG
Guter Wille ist höher als aller Erfolg.

22. MONTAG | 300. GEBURTSTAG KANTS
… daß kein Gelehrter ungestraft jene große philosophische Bewegung, die durch Kant begonnen, von sich abgewiesen, sich ihr widersetzt, sie verachtet habe …

23. DIENSTAG
Sehet das Neue
Findet uns neu.

24. MITTWOCH
So aber werden wir der Gedankenblitze immer dann erst inne, wann sie einschlagen.

25. DONNERSTAG
So wie etwas ausgesprochen wird, sogleich wird ihm auch widersprochen, wie der Ton gleich sein Echo hat.

26. FREITAG
Man ist nur vielseitig, wenn man zum Höchsten strebt, weil man muß (im Ernst), und zum Geringern herabsteigt, wenn man will (zum Spaß).

27. SAMSTAG
Gib einigermaßen Acht auf dich selbst, nimm Notiz von dir selbst, damit du gewahr werdest, wie du zu deines Gleichen und der Welt zu stehen kommst.

28. SONNTAG

Ha! alles Vergnügen liegt in uns.

29. MONTAG

… wer mag sich nicht gern in einem wohlwollenden Spiegel beschauen?

30. DIENSTAG

Man sehnt sich nach des Lebens Bächen,
Ach! nach des Lebens Quelle hin.

1. MITTWOCH I MAIFEIERTAG

Wo Parteien entstehn, hält jeder sich hüben und drüben;
Viele Jahre vergehn, eh' sie die Mitte vereint.

2. DONNERSTAG

War das Antike doch neu, da jene Glücklichen lebten!
Lebe glücklich, und so lebe die Vorzeit in dir!

3. FREITAG

Kleine Blumen, kleine Blätter
Streuen mir mit leichter Hand
Gute junge Frühlings-Götter
Tändelnd auf ein luftig Band.

4. SAMSTAG

Die frische Luft des freien Feldes ist der eigentliche Ort, wo wir hingehören; es ist als ob der Geist Gottes dort den Menschen unmittelbar anwehte und eine göttliche Kraft ihren Einfluß ausübte.

5. SONNTAG

Der Guckuck wie die Nachtigall
Sie möchten den Frühling fesseln,
Doch drängt der Sommer schon überall
Mit Disteln und mit Nesseln.

6. MONTAG

Wie glücklich würde sich der Affe schätzen,
Könnt' er nur auch in's Lotto setzen!

7. DIENSTAG

Lass mein Schweigen dir sagen, was keine Worte sagen können.

8. MITTWOCH

Einer Einzigen angehören,
Einen Einzigen verehren
Wie vereint es Herz und Sinn!

9. DONNERSTAG | CHRISTI HIMMELFAHRT | 219. TODESTAG SCHILLERS | EUROPATAG

Schaff', das Tagwerk meiner Hände,
Hohes Glück, daß ich's vollende!
Laß, o laß mich nicht ermatten!
Nein, es sind nicht leere Träume:
Jetzt nur Stangen, diese Bäume
Geben einst noch Frucht und Schatten.

10. FREITAG

Im Französischen habe man ein Sprüchwort: »Schwiegermütter, von Zucker gebacken, seien dennoch bitter.«

11. SAMSTAG

Laßt ihr mich mit eueren Schreibfehlern gehen, … ich mache in jedem Brief Schreibfehler und keine Komma. Ich diktiere meistens und sehe nicht nach.

12. SONNTAG

Eigenthümlichkeit ruft Eigenthümlichkeit hervor.

13. MONTAG

Der junge Tag erhob sich mit Entzücken,
Und alles war erquickt mich zu erquicken.

14. DIENSTAG

Aber man muss wissen, wo man steht und wohin die andern wollen.

15. MITTWOCH

Einen Regenbogen, der eine Viertelstunde steht, sieht man nicht mehr an.

16. DONNERSTAG

Sage, wie lebst du? Ich lebe! und wären hundert und hundert
Jahre dem Menschen gegönnt, wünscht' ich mir morgen, wie heut.

17. FREITAG

Die jetzige Generation entdeckt immer, was die alte (vorhergehende) schon vergessen hat.

18. SAMSTAG

Der Baum ist breit, mein Freund, der Schatten gibt,
Und keiner braucht den andern zu verdrängen.

19. SONNTAG I PFINGSTSONNTAG
Gottes ist der Orient!
Gottes ist der Occident!
Nord- und südliches Gelände
Ruht im Frieden seiner Hände.

20. MONTAG I PFINGSTMONTAG
Ich wandle auf weiter bunter Flur,
Ursprünglicher Natur,
Ein holder Born, in welchem ich bade,
Ist Überlieferung, ist Gnade.

21. DIENSTAG
Jeder Tag hat seine Plage
Und die Nacht hat ihre Lust.

22. MITTWOCH
Wenn weise Männer nicht irrten, müßten die Narren verzweifeln.

23. DONNERSTAG
Ergözen dich nicht auch die Luftfahrer? Ich mag den Menschen gar zu gerne so etwas gönnen. Beyden den Erfindern und den Zuschauern.

24. FREITAG
Sonne! so sei du auch mir
Die Schöpferin herrlicher Tage;
Leben und Ewigkeit ist's.

25. SAMSTAG
Sie peitschen den Quark, ob nicht etwa Crême daraus werden wolle.

26. SONNTAG

Was ich nicht weiß
Macht mich nicht heiß.
Und was ich weiß
Machte mich heiß,
Wenn ich nicht wüßte,
Wie's werden müßte.

27. MONTAG

Wer schweigt hat wenig zu sorgen,
Der Mensch bleibt unter der Zunge verborgen.

28. DIENSTAG

Es begegnet uns auf Reisen, wo wir entweder mit fremden oder doch lange nicht gesehenen Personen, es sei nun an ihrem Wohnort oder auch unterwegs, zusammentreffen, daß wir sie ganz anders finden, als wir sie zu denken gewohnt waren

29. MITTWOCH

Man muß etwas s e y n, um etwas zu machen.

30. DONNERSTAG I FRONLEICHNAM

Frömmigkeit ist kein Zweck, sondern ein Mittel, um durch die reinste Gemüthsruhe zur höchsten Cultur zu gelangen.

31. FREITAG

Der Schauspieler lasse kein Schnupftuch auf dem Theater sehen, noch weniger schnaube er die Nase, noch weniger spucke er aus.

1. SAMSTAG

Rosen, ihr blendenden,
Balsam versendenden!
Flatternde, schwebende,
Heimlich belebende,
Zweiglein beflügelte,
Knospen entsiegelte,
Eilet zu blühn.

2. SONNTAG
Dem Genie ist nichts vorzuschreiben, es läuft glücklich wie ein Nachtwandler über die scharfen Gipfelrücken weg, von denen die wache Mittelmäßigkeit bei'm ersten Versuche herunterplumpt.

3. MONTAG
Nelken, wie find' ich euch schön! Doch alle gleicht ihr einander,
Unterscheidet euch kaum, und ich entscheide mich nicht.

4. DIENSTAG
Blumen reicht die Natur, es windet die Kunst sie zum Kranze.

5. MITTWOCH
Durch Stolpern kommt man bisweilen weiter, man muß nur nicht fallen und liegen bleiben.

6. DONNERSTAG
Von der Quelle bis an's Meer
Mahlet manche Mühle,
Und das Wohl der ganzen Welt
Ist's, worauf ich ziele.

7. FREITAG
Ist es der Einklang nicht, der aus dem Busen dringt,
Und in sein Herz die Welt zurücke schlingt?

8. SAMSTAG
Nicht am Morgen allein, noch am Mittag einzig beglückt sie,
Untergehend sogar ist's immer dieselbige Sonne.

9. SONNTAG

Denn ein Kunstwerk, dessen Ganzes in großen, einfachen, harmonischen Theilen begriffen wird, macht wohl einen edlen und würdigen Eindruck, aber der eigentliche Genuß, den das Gefallen erzeugt, kann nur bei Übereinstimmung aller entwickelten Einzelheiten statt finden.

10. MONTAG

Das Meer ist doch ein großer Anblick!

11. DIENSTAG

Laßt uns eilen, eilen, eilen!
Dank auf Dank sei unser Leben.
Viel hat uns das Glück gegeben;
Es erhalte, was es gab

12. MITTWOCH

Sehnsucht in's Ferne, Künftige zu
beschwichtigen,
Beschäftige dich hier und heut im Tüchtigen.

13. DONNERSTAG

Was aber ist deine Pflicht? Die Forderung des Tages.

14. FREITAG

Wir blicken so gern in die Zukunft, weil wir das Ungefähre, was sich in ihr hin- und herbewegt, durch stille Wünsche so gern zu unsern Gunsten heranleiten möchten.

15. SAMSTAG

Wenn die Affen es dahin bringen könnten, Langeweile zu haben, so könnten sie Menschen werden.

16. SONNTAG

Nur allein der Mensch
Vermag das Unmögliche:
Er unterscheidet,
Wählet und richtet;
Er kann dem Augenblick
Dauer verleihen.

17. MONTAG

Es hört doch jeder nur, was er versteht.

18. DIENSTAG

Drum frisch nur auf's neue! Bedenke dich nicht:
Denn wer sich die Rosen, die blühenden, bricht,
Den kitzeln fürwahr nur die Dornen.

19. MITTWOCH

Es gibt Bücher, durch welche man alles erfährt und doch zuletzt von der Sache nichts begreift.

20. DONNERSTAG | SOMMERANFANG

Ein Zustand, der alle Tage neuen Verdruß zuzieht, ist nicht der rechte.

21. FREITAG

So sucht man in dem weiten Sand des Meers
Vergebens eine Perle, die verborgen
In stillen Schalen eingeschlossen ruht.

22. SAMSTAG

Tolle Zeiten hab' ich erlebt, und hab' nicht ermangelt,
Selbst auch thöricht zu sein, wie es die Zeit mir gebot.

23. SONNTAG

Viele Gedanken heben sich erst aus der allgemeinen Cultur hervor wie die Blüthen aus den grünen Zweigen. Zur Rosenzeit sieht man Rosen überall blühen.

24. MONTAG

Wunscherfüllung, Sonnenfeier,
Wolkentheilung bring' uns Glück.

25. DIENSTAG

Wie wollten die Fischer sich nähren und retten,
Wenn die Frösche sämmtlich Zähne hätten?

26. MITTWOCH

Liegt dir Gestern klar und offen,
Wirkst du heute kräftig frei;
Kannst auch auf ein Morgen hoffen,
Das nicht minder glücklich sei.

27. DONNERSTAG I SIEBENSCHLÄFER

Der Aberglaube ist die Poesie des Lebens, deßwegen schadet's dem Dichter nicht, abergläubisch zu sein.

28. FREITAG

… denn in einer Zeit, wo alles so wunderlich und willkürlich durcheinandergeht, ist es nicht genug sich mit innerm Verdienst zu rüsten; man thut auch wohl, wenn man sich nach außen bepanzert und ausputzt.

29. SAMSTAG

Ich habe das schönste Wetter, ich fürchte ihr habt es nicht.

30. SONNTAG

Wenn der Sommer sich verkündet,
Rosenknospe sich entzündet,
Wer mag solches Glück entbehren?
Das Versprechen, das Gewähren,
Das beherrscht, in Florens Reich,
Blick und Sinn und Herz zugleich.

1. MONTAG

Weise denn sei das Gespräch! Uns lehret Weisheit am Ende
Das Jahrhundert; wen hat das Geschick nicht geprüft?

2. DIENSTAG | 300. GEBURTSTAG KLOPSTOCKS

Klopstock ist ein edler grosser Mensch über dem der Friede Gottes ruht! –

3. MITTWOCH

Ich bin überhaupt kein fleißiger Correspondent, aber zwischen uns ist es das Schlimme, daß wir uns nie oder wenigstens so lange nicht gesehen haben: denn in der Persönlichkeit liegt doch eigentlich der wahre Grund menschlicher Verhältnisse.

4. DONNERSTAG

Willst du immer weiter schweifen?
Sieh, das Gute liegt so nah.
Lerne nur das Glück ergreifen,
Denn das Glück ist immer da.

5. FREITAG

Ein verständiger Mensch ist viel für sich, aber für's Ganze ist er wenig.

6. SAMSTAG

Eine Welt zwar bist du, o Rom; doch ohne die Liebe
Wäre die Welt nicht die Welt, wäre denn Rom auch nicht Rom.

7. SONNTAG
Wer fremde Sprachen nicht kennt, weiß nichts von seiner eigenen.

8. MONTAG
Die Sterne, die begehrt man nicht,
Man freut sich ihrer Pracht,
Und mit Entzücken blickt man auf
In jeder heitern Nacht.

9. DIENSTAG
Als Poet denk ich immer, daß auf's stranden sich landen reime und somit Gott befohlen.

10. MITTWOCH
Man sollte oft wünschen, auf einer der Südsee-Inseln als sogenannter Wilder geboren zu seyn, um nur einmal das menschliche Daseyn, ohne falschen Beigeschmack, durchaus rein zu genießen.

11. DONNERSTAG
Was ist der Himmel, was ist die Welt
Als das, wofür eben einer sie hält?

12. FREITAG
Alle meine Gedichte sind Gelegenheitsgedichte, sie sind durch die Wirklichkeit angeregt und haben darin Grund und Boden. Von Gedichten, aus der Luft gegriffen, halte ich nichts.

13. SAMSTAG
Ich weiß es aus eigener Erfahrung … was das für eine schwere Sache ist, gegen den Strom zu schwimmen.

14. SONNTAG
Solch ein Gewimmel möcht' ich sehn,
Auf freiem Grund mit freiem Volke stehn.

15. MONTAG
Geheimnisse sind noch keine Wunder.

16. DIENSTAG
Wie ergötz' ich mich im Kühlen
Dieser schönen Sommernacht!
O wie still ist hier zu fühlen,
Was die Seele glücklich macht!

17. MITTWOCH
… sah ich auf einmal wieder die hohen Schneegipfel vom Mond beleuchtet, und nun erwarte ich, daß der Morgen diese Felsenkluft erhelle, in der ich auf der Gränzscheide des Südens und Nordens eingeklemmt bin.

18. DONNERSTAG
Hier hilft nun weiter kein Bemühn!
Sind Rosen, und sie werden blühn.

19. FREITAG
Es ist schwer, gegen den Augenblick gerecht sein: der gleichgültige macht uns lange Weile, am guten hat man zu tragen und am bösen zu schleppen.

20. SAMSTAG
Soll ich dir die Gegend zeigen,
Mußt du erst das Dach besteigen.

21. SONNTAG

Schauen, wissen, ahnen, glauben und wie die Fühlhörner alle heißen, mit denen der Mensch in's Universum tastet, müssen denn doch eigentlich zusammenwirken …

22. MONTAG

Was ist doch ein Lebendiges für ein köstliches herrliches Ding! Wie abgemessen zu seinem Zustande, wie wahr, wie seiend!

23. DIENSTAG

Was wir in Gesellschaft singen,
Wird von Herz zu Herzen dringen.

24. MITTWOCH

Ist die Vielseitigkeit des Schauspielers wünschenswerth, so ist es die Vielseitigkeit des Publicums eben so sehr.

25. DONNERSTAG

Die Arbeit macht den Gesellen.

26. FREITAG

Welch ein Glück und welche Wonne!
Nach den Stürmen bringt die Sonne
Uns den schönsten Tag heran,
Und es tragen Freud' und Wonne
Unsre Seelen himmelan.

27. SAMSTAG

Bey mir geht das Getriebe täglich fort und ich bin vergnügt daß ich mich darin aufrecht erhalte.

28. SONNTAG

Herrlich bist du wie Moschus:
Wo du warst, gewahrt man dich noch.

29. MONTAG

Mein Auge bildet sich unglaublich, und meine Hand soll nicht ganz zurückbleiben.

30. DIENSTAG

Nichts ist stillstehend.

31. MITTWOCH

Eigentlich lernen wir nur von Büchern, die wir nicht beurtheilen können. Der Autor eines Buchs, das wir beurtheilen könnten, müßte von uns lernen.

1. DONNERSTAG | BUNDESFEIER SCHWEIZ
Wir nahten uns nun nach und nach dem Gipfel. Moor, Glimmersand, Schnee, alles quillt um einen herum. Seen.

2. FREITAG
Dem Hunde, wenn er gut gezogen,
Wird selbst ein weiser Mann gewogen.

3. SAMSTAG
Wenn sie ein blaues Blümchen bricht,
Und immer sagt: Vergiß mein nicht!
So fühl' ich's in der Ferne.

4. SONNTAG

Heut ist mir alles herrlich; wenn's nur bliebe!
Ich sehe heut durch's Augenglas der Liebe.

5. MONTAG

Es verrät keiner dem andern die Handgriffe einer Kunst oder eines Handwerks, geschweige denn die vom Leben.

6. DIENSTAG

Das ist eine von den alten Sünden,
Sie meinen: Rechnen das sei Erfinden.

7. MITTWOCH

Worte sind der Seele Bild –
Nicht ein Bild! sie sind ein Schatten!
Sagen herbe, deuten mild
Was wir haben, was wir hatten. –

8. DONNERSTAG

Alles mit Maß und Ziel!

9. FREITAG

Froh empfind' ich mich nun auf klassischem Boden begeistert;
Vor- und Mitwelt spricht lauter und reizender mir.
Hier befolg' ich den Rath, durchblättre die Werke der Alten
Mit geschäftiger Hand, täglich mit neuem Genuß.

10. SAMSTAG

Die Wirklichkeit hat nur *eine* Gestalt, die Hoffnung ist *viel*gestaltet.

11. SONNTAG
Es gebe wohl verschiedene Ansichten, aber sie würden oft nur durch eine *papierene Scheidewand* veranlaßt, die leicht mit dem Ellbogen durchzustoßen sei.

12. MONTAG
Denn was er, so artig, im Kleinen gesehn,
Erfuhr er, genoß er im Großen.

13. DIENSTAG
Hunde, Pferde, Jagd, Spiel, Feste, Kleider und Diamanten, was für Capitale von Baarschafft stecken darinne und was für Intressen von Zeit und Geld zehren sie nicht auf, ohne die Seele zu erheben, das doch die Gaben der Musen um einen wohlfeilern Preis gewähren.

14. MITTWOCH
Und der Lebende hat recht.

15. DONNERSTAG | MARIÄ HIMMELFAHRT
Wie fruchtbar ist der kleinste Kreis,
Wenn man ihn wohl zu pflegen weiß.

16. FREITAG
Die Maccaroni, ein zarter, stark durchgearbeiteter, gekochter, in gewisse Gestalten gepreßter Teig von feinem Mehle, sind von allen Sorten überall um ein Geringes zu haben. Sie werden meistens nur in Wasser abgekocht und der geriebene Käse schmälzt und würzt zugleich die Schüssel.

17. SAMSTAG
Das Wort verwundet leichter als es heilt.

18. SONNTAG
Der Mensch ist mit seinem Wohnorte so nah verwandt daß die Betrachtung über diesen auch uns über den Bewohner aufklären muß.

19. MONTAG
Sie sprach zu ihm, sie sang zu ihm;
Da war's um ihn geschehn:
Halb zog sie ihn, halb sank er hin,
Und ward nicht mehr gesehn.

20. DIENSTAG
Laß Neid und Mißgunst sich verzehren,
Das Gute werden sie nicht wehren.
Denn, Gott sei Dank! es ist ein alter Brauch:
So weit die Sonne scheint, so weit erwärmt sie auch.

21. MITTWOCH
Und wenn die Nachwelt mit genießen soll,
So muß des Künstlers Mitwelt sich vergessen.

22. DONNERSTAG
Das Wunder ist des Augenblicks Geschöpf.

23. FREITAG
Erfahrung bleibt des Lebens Meisterin.

24. SAMSTAG
Jenes ungestörte, unschuldige, nachtwandlerische Schaffen, wodurch allein etwas Großes gedeihen kann, ist gar nicht mehr möglich. Unsere jetzigen Talente liegen alle auf dem Präsentirteller der Oeffentlichkeit.

25. SONNTAG I 280. GEBURTSTAG HERDERS
Spät erklingt, was früh erklang,
Glück und Unglück wird Gesang.

26. MONTAG
Vom Handwerk kann man sich zur Kunst erheben. Vom Pfuschen nie!

27. DIENSTAG
Alles, was ich erfuhr, ich würzt' es mit süßer Erinnrung,
Würzt' es mit Hoffnung; sie sind lieblichste Würzen der Welt.

28. MITTWOCH I 275. GEBURTSTAG GOETHES
Selbst erfinden ist schön; doch glücklich von andern Gefundnes
Fröhlich erkannt und geschätzt, nennst das du weniger dein?

29. DONNERSTAG
Es wandelt niemand ungestraft unter Palmen, und die Gesinnungen ändern sich gewiß in einem Lande wo Elephanten und Tiger zu Hause sind.

30. FREITAG
So sieht man bei untergehender Sonne gern auf der entgegengesetzten Seite den Mond aufgehn und erfreut sich an dem Doppelglanze der beiden Himmelslichter.

31. SAMSTAG
Aus Gestern wird nicht Heute …

1. SONNTAG
Was der August nicht thut,
Macht der September gut.

2. MONTAG
Den lieb' ich, der Unmögliches begehrt.

3. DIENSTAG
Über Rosen läßt sich dichten,
In die Äpfel muß man beißen.

4. MITTWOCH
Mit Mädeln sich vertragen,
Mit Männern 'rumgeschlagen,
Und mehr Credit als Geld;
So kommt man durch die Welt.

5. DONNERSTAG I 250. GEBURTSTAG CASPAR DAVID FRIEDRICHS
Das sogenannte Romantische einer Gegend ist ein stilles Gefühl des Erhabenen unter der Form der Vergangenheit oder, was gleich lautet, der Einsamkeit, Abwesenheit, Abgeschiedenheit.

6. FREITAG
Mache zum Herrscher sich der, der seinen Vortheil verstehet:
Doch wir wählten uns den, der sich auf unsern versteht.

7. SAMSTAG
Mein eigentlich Wohlleben aber ist in Früchten, in Feigen, auch Birnen, welche da wohl köstlich sein müssen, wo schon Citronen wachsen.

8. SONNTAG

Der Worte sind schon genug. Was werden kann wird werden.

9. MONTAG

Kinder werfen den Ball an die Wand, und
fangen ihn wieder;
Aber ich lobe das Spiel, wirft mir der Freund
ihn zurück.

10. DIENSTAG

Mit widerlegen, bedingen, begrimmen
Bemüht und brüstet mancher sich;
Ich kann daraus nichts weiter gewinnen,
Als daß er anders denkt wie ich.

11. MITTWOCH

Wer vieles bringt, wird manchem etwas
bringen;
Und jeder geht zufrieden aus dem Haus.

12. DONNERSTAG

Glückliches Kind! das kein Übel kennt, als wenn die Suppe lang ausbleibt.

13. FREITAG

Man tanzt, man schwatzt, man kocht, man
trinkt, man liebt;
Nun sage mir, wo es was Bessers gibt?

14. SAMSTAG

Und wenn du ganz dich zu verlieren scheinst,
Vergleiche dich! Erkenne was du bist!

15. SONNTAG

Wer fertig ist, dem ist nichts recht zu machen;
Ein Werdender wird immer dankbar sein.

16. MONTAG

Wer das erste Knopfloch verfehlt, kommt mit dem Zuknöpfen nicht zu Rande.

17. DIENSTAG

Hast du die Welle gesehen, die über das Ufer einher schlug?
Siehe die zweite, sie kommt! rollet sich sprühend schon aus!
Gleich erhebt sich die dritte! Fürwahr, du erwartest vergebens,
Daß die letzte sich heut ruhig zu Füßen dir legt.

18. MITTWOCH I WELTKINDERTAG

Mir gäb' es keine größre Pein,
Wär' ich im Paradies allein.

19. DONNERSTAG

Ich schätze den, der tapfer ist und g'rad.

20. FREITAG

Der Rückblick auf so mancherley Situationen, die man durchlebte, die Erinnerung an so viel Stimmungen in die man sich versetzt fühlte, macht uns gleichsam wieder jung …

21. SAMSTAG

Es gibt Menschen, die ihr Gleiches lieben und aufsuchen, und wieder solche, die ihr Gegentheil lieben und diesem nachgehn.

22. SONNTAG I HERBSTANFANG

Immer strebe zum Ganzen, und kannst du selber kein Ganzes
Werden, als dienendes Glied schließ' an ein Ganzes dich an.

23. MONTAG

Der Mensch ist doch wie ein Nachtgänger er steigt die gefährlichsten Kanten im Schlafe.

24. DIENSTAG

Ich sehe jetzt, wie viel ich nicht weiß, und der Weg ist offen alles zu wissen und zu begreifen.

25. MITTWOCH

Man muß etwas zu sagen haben, wenn man reden will.

26. DONNERSTAG

Welchen Leser ich wünsche? den unbefangensten, der mich,
Sich und die Welt vergißt, und in dem Buche nur lebt.

27. FREITAG

Dieweil ich bin, muß ich auch thätig sein.

28. SAMSTAG

Niemand ist mehr Sklave als der sich für frei hält ohne es zu sein.

29. SONNTAG

Das höchste Glück ist das, welches unsere Mängel verbessert und unsere Fehler ausgleicht.

30. MONTAG

Dagegen wenn wir mit all unserer Schwachheit und Mühseligkeit nur gerade fortarbeiten, so finden wir gar oft, daß wir mit unserem Schlendern und Laviren es weiter bringen, als andere mit ihrem Segeln und Rudern – und – das ist doch ein wahres Gefühl seiner selbst, wenn man andern gleich oder gar vorläuft.

1. DIENSTAG

Ich hoffe, die trüben Wolken am politischen Himmel sollen sich zerstreuen. Unsre modernen Kriege machen viele unglücklich indessen sie dauern, und niemand glücklich wenn sie vorbei sind.

2. MITTWOCH

Zart Gedicht, wie Regenbogen,
Wird nur auf dunklen Grund gezogen;
Darum behagt dem Dichtergenie
Das Element der Melancholie.

3. DONNERSTAG I TAG DER DEUTSCHEN EINHEIT

… daß das unschätzbare Glück der Freiheit nicht darin besteht, daß man alles thut, was man thun mag, und wozu uns die Umstände einladen, sondern daß man das ohne Hinderniß und Rückhalt, auf dem geraden Wege thun kann, was man für recht und schicklich hält …

4. FREITAG

Was in der Zeiten Bildersaal
Jemals ist trefflich gewesen,
Das wird immer einer einmal
Wieder auffrischen und lesen.

5. SAMSTAG

Die Vollkommenheit der Technik, könnte man beinahe sagen, schließt die Kunst aus in allem, was zum Lebensgenuß, zum Komfort etc. gehört, weil sie auf das Mathematische, das heißt auf das *Notwendige* geht.

6. SONNTAG | ERNTEDANK
Alles schwankt in's Ungewisse
Nebel schleichen in die Höh;
Schwarzvertiefte Finsternisse
Wiederspiegelnd ruht der See.

7. MONTAG
Gebraucht der Zeit, sie geht so schnell von hinnen,
Doch Ordnung lehrt euch Zeit gewinnen.

8. DIENSTAG
Auch in der Ferne zeigt sich alles reiner,
Was in der Gegenwart uns nur verwirrt.

9. MITTWOCH
Es gibt ein Glück, allein wir kennen's nicht:
Wir kennen's wohl, und wissen's nicht zu schätzen.

10. DONNERSTAG
Wer viel mit Kindern lebt, wird finden, daß keine äußere Einwirkung auf sie ohne Gegenwirkung bleibt.

11. FREITAG
Wo viel Licht ist, ist starker Schatten –

12. SAMSTAG
Wenn einer zu Fuße, ohne recht zu wissen warum und wohin, in die Welt lief, so hieß dieß eine Geniereise, und wenn einer etwas Verkehrtes ohne Zweck und Nutzen unternahm, ein Geniestreich.

13. SONNTAG
Laßt Phantasie, mit allen ihren Chören,
Vernunft, Verstand, Empfindung, Leidenschaft,
Doch, merkt euch wohl! nicht ohne Narrheit
hören.

14. MONTAG
Ältere Bekanntschaften und Freundschaften haben vor neuen hauptsächlich das voraus, daß man sich einander schon viel verziehen hat ….

15. DIENSTAG | 180. GEBURTSTAG NIETZSCHES
Doch Forschung strebt und ringt, ermüdend nie,
Nach dem Gesetz, dem Grund Warum und Wie.

16. MITTWOCH
Wer immer strebend sich bemüht
Den können wir erlösen.

17. DONNERSTAG
Glück macht Muth.

18. FREITAG
Gemüth wird über Geist gesetzt, Naturell über Kunst, und so ist der Fähige wie der Unfähige gewonnen. Gemüth hat jedermann, Naturell mehrere; der Geist ist selten, die Kunst ist schwer.

19. SAMSTAG
Die goldne Zeit wohin ist sie geflohen?
Nach der sich jedes Herz vergebens sehnt!

20. SONNTAG
Die Welle beugt sich jedem Winde gern,
Doch hält sie sich vom schroffen Felsen fern.

21. MONTAG
Langeweile! du bist Mutter der Musen gegrüßt.

22. DIENSTAG
So kommt denn, Freunde, wenn auf euren Wegen
Des Lebens Bürde schwer und schwerer drückt,
Wenn eure Bahn ein frischerneuter Segen
Mit Blumen ziert, mit goldnen Früchten schmückt,
Wir gehn vereint dem nächsten Tag entgegen!

23. MITTWOCH
Man kann das Gegenwärtige nicht ohne das Vergangene erkennen, und die Vergleichung von beiden erfordert mehr Zeit und Ruhe.

24. DONNERSTAG
Dasjenige, was von meinen Bemühungen im Drucke erschienen, sind nur Einzelnheiten, die auf einem Lebensboden wurzelten und wuchsen, wo Thun und Lernen, Reden und Schreiben unablässig wirkend einen schwer zu entwirrenden Knaul bildeten.

25. FREITAG
Es ist ganz einerlei, vornehm oder gering sein, das Menschliche muß man immer ausbaden.

26. SAMSTAG I NATIONALFEIERTAG ÖSTERREICH
Nun ging mir eine neue Welt auf. Ich näherte mich den Gebirgen, die sich nach und nach entwickelten.

27. SONNTAG

Dießmal streust du, o Herbst, nur leichte welkende Blätter;
Gib mir ein andermal schwellende Früchte dafür.

28. MONTAG

Nun weiß man erst was Rosenknospe sei,
Jetzt da die Rosenzeit vorbei;
Ein Spätling noch am Stocke glänzt
Und ganz allein die Blumenwelt ergänzt.

29. DIENSTAG

Süßer Friede,
Komm, ach komm in meine Brust!

30. MITTWOCH

Der Zweifel ist's, der Gutes böse macht.
Bedenke nicht; gewähre wie du's fühlst.

31. DONNERSTAG I REFORMATIONSTAG

Auch ich soll gottgegebne Kraft
Nicht ungenützt verlieren,
Und will in Kunst und Wissenschaft
Wie immer protestiren.

1. FREITAG | ALLERHEILIGEN
Und wie dem Walde geht's den Blättern allen,
Sie knospen, grünen, welken ab und fallen.

2. SAMSTAG | ALLERSEELEN
Seele des Menschen,
Wie gleichst du dem Wasser!
Schicksal des Menschen,
Wie gleichst du dem Wind!

3. SONNTAG
Verdoppelte sich der Sterne Schein,
Das All wird ewig finster sein.

4. MONTAG
Zur rechten Zeit vertreibt der Sonne Lauf
Die finstre Nacht, und sie muß sich erhellen;
Der harte Fels schließt seinen Busen auf,
Mißgönnt der Erde nicht die tiefverborgnen Quellen.

5. DIENSTAG
Falsch Gebild und Wort
Verändern Sinn und Ort!

6. MITTWOCH
Die Ausbreitung des Flusses ladet auch das Gemüth ein, sich auszubreiten und nach der Ferne zu sehen.

7. DONNERSTAG
Den einzelnen Verkehrtheiten des Tags sollte man immer nur große weltgeschichtliche Massen entgegensetzen.

8. FREITAG
Die stille Freude wollt ihr stören?
Laßt mich bei meinem Becher Wein;
Mit andern kann man sich belehren,
Begeistert wird man nur allein.

9. SAMSTAG
Der Schauspieler soll auch im gemeinen Leben bedenken, daß er öffentlich zur Kunstschau stehen werde.

10. SONNTAG I 265. GEBURTSTAG SCHILLERS
Mein Verhältniß zu Schiller gründete sich auf die entschiedene Richtung beider auf Einen Zweck, unsere gemeinsame Thätigkeit auf die Verschiedenheit der Mittel, wodurch wir jenen zu erreichen strebten.

11. MONTAG I MARTINSTAG
Doppelt gibt wer gleich gibt,
Hundertfach der gleich gibt
Was man wünscht und liebt.

12. DIENSTAG
Sollt' ich aus der Ferne schauen?
Nein! ich theile Sorg' und Noth.

13. MITTWOCH
… und am Ende ist doch das schlechteste Theater besser als die beste Langweil.

14. DONNERSTAG
… in meinen Augen knüpft sich … der höchste Menschenverstand, und der grasseste Aberglauben durch das feinste und unauflöslichste Band zusammen.

15. FREITAG
Man verliert nicht immer, wenn man entbehrt.

16. SAMSTAG
Denn in einer so absoluten Einsamkeit, wo man durch gar nichts zerstreut und auf sich selbst gestellt ist, fühlt man erst recht und lernt begreifen wie lang ein Tag sey.

17. SONNTAG I VOLKSTRAUERTAG

Die Zeit sie mäht so Rosen als Dornen,
Aber das treibt immer wieder von vornen.

18. MONTAG

Vergebens bemühen wir uns, den Charakter eines Menschen zu schildern; man stelle dagegen seine Handlungen, seine Thaten zusammen, und ein Bild des Charakters wird uns entgegentreten.

19. DIENSTAG

Die Zeit rückt fort und in ihr Gesinnungen, Meinungen, Vorurtheile und Liebhabereien.

20. MITTWOCH I BUSS- UND BETTAG

Mit den Jahren steigern sich die Prüfungen.

21. DONNERSTAG

Schwärmer prägen den Stempel des Geists auf Lügen und Unsinn;
Wem der Probierstein fehlt hält sie für redliches Gold.

22. FREITAG

Ich weiß, daß mir nichts angehört,
Als der Gedanke, der ungestört
Aus meiner Seele will fließen,
Und jeder günstige Augenblick,
Den mich ein liebendes Geschick
Von Grund aus läßt genießen.

23. SAMSTAG

Verleg' Sie sich auf Neuigkeiten!
Nur Neuigkeiten ziehn uns an.

24. SONNTAG | TOTENSONNTAG

Die Erde wird durch Liebe frei,
Durch Thaten wird sie groß.

25. MONTAG

… wenn die Zeit nicht noch so geschwind liefe, wäre sie gar zu absurd.

26. DIENSTAG

Suchet in euch, so werdet ihr alles finden, und erfreuet euch, wenn da draußen, wie ihr es immer heißen möget, eine Natur liegt, die Ja und Amen zu allem sagt, was ihr in euch gefunden habt.

27. MITTWOCH

Wundern kann es mich nicht, daß Menschen die Hunde so lieben;
Denn ein erbärmlicher Schuft ist, wie der Mensch, so der Hund.

28. DONNERSTAG

Gesotten oder gebraten!
Es ist an's Feuer gerathen.

29. FREITAG

Ich glaube der Mensch träumt nur, damit er nicht aufhöre zu sehen.

30. SAMSTAG

O glücklich, wer noch hoffen kann
Aus diesem Meer des Irrthums aufzutauchen!
Was man nicht weiß das eben brauchte man,
Und was man weiß kann man nicht brauchen.

1. SONNTAG | 1. ADVENT
Das Jahr klingt ab. Der Wind geht über die Stoppeln und findet nichts mehr zu bewegen; nur die rothen Beeren jener schlanken Bäume scheinen uns noch an etwas Munteres erinnern zu wollen, so wie uns der Tactschlag des Dreschers den Gedanken erweckt, daß in der abgesichelten Ähre so viel Nährendes und Lebendiges verborgen liegt.

2. MONTAG
Dem Tüchtigen ist diese Welt nicht stumm …

3. DIENSTAG
Die Turnerei halte ich wert: denn sie stärkt und erfrischt nicht nur den jugendlichen Körper, sondern ermutigt und kräftigt auch Seele und Geist gegen Verweichlichung.

4. MITTWOCH
Die Frage: ob einer seine eigene Biographie schreiben dürfe, ist höchst ungeschickt. Ich halte den, der es thut, für den höflichsten aller Menschen.

5. DONNERSTAG
Aber freylich, eine Erscheinung wie Mozart, bleibt immer ein Wunder, das nicht weiter zu erklären ist.

6. FREITAG | NIKOLAUS
… wer nichts für andre thut, thut nichts für sich …

7. SAMSTAG
Der Rost macht erst die Münze werth.

8. SONNTAG | 2. ADVENT

Denn das bloße Anblicken einer Sache kann uns nicht fördern. Jedes Ansehen geht über in ein Betrachten, jedes Betrachten in ein Sinnen, jedes Sinnen in ein Verknüpfen, und so kann man sagen, daß wir schon bei jedem aufmerksamen Blick in die Welt theoretisiren.

9. MONTAG

O wie weit und lang ist die Kunst und wie unendlich wird die Welt, wenn man sich nur einmal recht an's Endliche halten mag.

10. DIENSTAG

Nichts schrecklicher kann den Menschen geschehn
Als das Absurde verkörpert zu sehn.

11. MITTWOCH

Man halte sich an's fortschreitende Leben und prüfe sich bei Gelegenheiten; denn da beweis't sich's im Augenblick, ob wir lebendig sind, und bei späterer Betrachtung, ob wir lebendig waren.

12. DONNERSTAG

Das ist die Kunst, das ist die Welt,
Daß eins um's andere gefällt.

13. FREITAG

... Es werden die Sachen
Nicht durch Übereilung gebessert ...

14. SAMSTAG

Und das, was wir Schicksal nennen, sollte es bloß Zufall sein?

15. SONNTAG I 3. ADVENT
Es ist bekannt daß die Menschen, sobald es ihnen einigermaßen wohl und nach ihrem Sinne geht, alsobald nicht wissen was sie vor Übermuth anfangen sollen …

16. MONTAG
Der Schnee ist eine erlogene Reinlichkeit.

17. DIENSTAG
Die Dinte macht uns wohl gelehrt,
Doch ärgert sie, wo sie nicht hingehört.
Geschrieben Wort ist Perlen gleich;
Ein Dintenklecks ein böser Streich.

18. MITTWOCH I 221. TODESTAG HERDERS
Wer überwindet der gewinnt.

19. DONNERSTAG
Dem Einzelnen bleibe die Freiheit sich mit dem zu beschäftigen, was ihn anzieht, was ihm Freude macht, was ihm nützlich deucht; aber das eigentliche Studium der Menschheit ist der Mensch.

20. FREITAG
Die Leute wollen immer, ich soll auch Partei nehmen, nun gut, ich steh' auf meiner Seite.

21. SAMSTAG I WINTERANFANG
Tolle Zeiten hab' ich erlebt, und hab' nicht ermangelt,
Selbst auch thöricht zu sein, wie es die Zeit mir gebot.

22. SONNTAG I 4. ADVENT
Wer Musik nicht liebt, verdient nicht, ein Mensch genannt zu werden, wer sie nur liebt, ist erst ein halber Mensch, wer sie aber treibt, ist ein ganzer Mensch.

23. MONTAG
Steile Gegenden lassen sich nur durch Umwege erklimmen, auf der Ebene führen gerade Wege von einem Ort zum andern.

24. DIENSTAG I HEILIGER ABEND
Dießmal ist Christus unter Donner und Blitzen geboren worden, wir hatten gerade um Mitternacht ein starkes Wetter.

25. MITTWOCH I 1. WEIHNACHTSTAG
Ich hab diese Zeit des Jahrs gar lieb, die Lieder die man singt; und die Kälte die eingefallen ist macht mich vollends vergnügt.

26. DONNERSTAG I 2. WEIHNACHTSTAG
Alles in der Welt läßt sich ertragen,
Nur nicht eine Reihe von schönen Tagen.

27. FREITAG
Wundern darf es uns nicht, daß in unsern so manchem Widerstreit hingegebenen Tagen auch milde Stimmen sich hie und da hervorthun, welche, genau betrachtet, auf ein Höheres hinweisen, von wo ganz allein befriedigende Versöhnung zu hoffen ist.

28. SAMSTAG
Gescheidte Leute sind immer das beste Conversationslexikon.

29. SONNTAG

Was bleibt mir nun, als, eingehüllt,
Von holder Lebenskraft erfüllt,
In stiller Gegenwart die Zukunft zu erhoffen!

30. MONTAG

Nur die Fläche bestimmt die kreisenden Bahnen des Lebens;
Ist sie glatt, so vergißt jeder die nahe Gefahr.

31. DIENSTAG | SILVESTER

Immer niedlich, immer heiter,
Immer lieblich! und so weiter,
Stets natürlich, aber klug;
Nun das, dächt' ich, wär' genug.

BILDNACHWEIS

Klassik Stiftung Weimar, Museen: 7, 10, 17, 19, 23, 24, 30/31, 33, 34/35, 40/41, 45, 46/47, 50/51, 53, 54/55, 56, 59, 61, 62/63, 65, 67, 68, 73
akg-images: 8, 9
Freies Deutsches Hochstift / Frankfurter Goethe-Museum, Hs-25744: 26
picture alliance / Everett Collection: 69
Roentgen-Museum Neuwied, Foto: Manfred Bogner: 16

TEXTNACHWEIS

Januar: WA I, 22, S. 138; WA I, 5.1, S. 191; WA I, 25.1, S 221; WA I, 50, S. 329; WA I, 22, S. 332; WA I, 42.2, S.137; WA I, 2, S. 245; WA I, 19, S. 100; WA I, 2, S. 245; WA IV, 16, S. 265f.; WA III, 1, S. 220; WA IV, 30, S. 70, WA I, 3, S. 68; WA, I, 42.2, S. 214; WA I, 23, S. 66; WA I, 32, S. 157; WA I, 2, S. 280; WA IV, 9, S. 199; WA I, 14, S. 96; WA I, 36, S. 318; WA I, 42.2, S. 14f.; WA I, 10, S. 7; WA I, 48, S. 210; WA I, 3, S. 344; WA I, 3, S. 262; WA I, 42.2, S. 221; WA I, 21, S. 290; WA I, 3, S. 68; WA I, 16, S. 267; WA I, 8, S. 12; WA III, 1, S. 227
Februar: WA I, 42.2, S. 116; WA I, 3, S. 363; WA I, 2, S. 227; WA I, 27, S. 16; WA I, 35, S. 79; WA I, 2, S. 225; WA I, 15.1, S. 302; WA I, 42.2, S. 174; WA I, 2, S. 218; E 3, S. 36; WA I, 10, S. 117; WA I, 4, S. 150; WA I, 1, S. 130; WA I, 3, S. 166; WA I, 42.2, S. 216; WA I, 1, S. 138; WA I, 29, S. 14; WA I, 47, S. 323; WA I, 15.1, S. 146; WA I, 30, S. 276; WA I, 20, S. 261; WA I, 42.2, S. 202; WA I, 10, S. 182; WA I, 1, S. 119, WA I, 36, S. 226; WA I, 2, S. 227; WA IV, 6, S. 34; WA I, 2, S. 216; WA I, 2, S. 294
März: WA I, 42.2, S. 202; WA I, 42.2, S. 167; WA I, 50, S. 266; WA I, 32, S. 275; WA I, 14, S. 108; WA I, 42.2, S. 119; WA I, 14, S. 40; WA I, 14, S. 238; WA I, 19, S. 111; WA IV, 20, S. 346; WA I, 5.1, S. 149; WA I, 15.1, S. 312; WA I, 42.2, S. 138; WA I, 6, S. 143; WA I, 14, S. 37; WA I, 30, S. 70; WA I, 10, S. 304; WA I, 10, S. 117; WA I, 1, S. 359; WA I, 3, S. 32; WA IV, 25, S. 75f.; WA I, 42.2, S. 116; E 3, S. 330; WA I, 20, S. 259; WA I, 41.1, S. 20; WA I, 8, S. 44; WA I, 20, S. 262; WA I, 20, S. 263; WA I, 1, S. 115; WA I, 32, S. 176; WA I, 14, S. 49
April: WA I, 1, S. 347; WA I, 14, S. 77; WA I, 1, S. 69; WA I, 22,

S. 57; WA IV, 33, S. 62; WA I, 1, S. 65; WA I, 20, S. 46; WA I, 10, S. 370; WA I, 20, S. 313; WA I, 3, S. 155; G I, S. 439; WA I, 19, S. 89; WA I, 50, S. 108; WA I, 10, S. 123; WA I, 42.2, S. 117; WA I, 20, S. 261; WA IV, 5, S. 1; WA I, 42.2, S. 42; WA IV, 7, S. 229; WA IV, 2, S. 234; WA I, 11, S. 193; WA I, 46, S. 55; WA I, 1, S. 108; G II, S. 776; G II, S. 272; WA IV, 48, S. 209; WA I, 42.2, S. 190; WA IV, 1, S. 140; WA IV, 41, S. 192; WA I, 14, S. 62

Mai: WA I, 1, S. 354; WA I, 1, S. 249; WA I, 1, S. 74; E 3, S. 240; WA I, 4, S. 112; WA I, 14, S. 117; WA IV, 2, S. 289; WA I, 3, S. 45; WA I, 1, S. 102; G III.2, S. 570; G III.1, S. 415; WA I, 42.2, S. 173; WA I, 1, S. 3; WA I, 42.2, S. 240; WA I, 42.2, S. 125; WA I, 1, S. 328; G II, S. 589; WA I, 10, S. 186; WA I, 6, S. 10; WA I, 2, S. 215; WA I, 2, S. 120; WA I, 42.2, S. 232; WA IV, 6, S. 232; WA I, 1, S. 59; WA I, 42.2, S. 115; WA I, 2, S. 244; WA I, 6, S. 127; WA I, 36, S. 20; E 2, S. 40; WA I, 42.2, S. 178; WA I, 40, S. 164

Juni: WA I, 15.1, S. 320 f.; WA I, 45, S. 188; WA I, 1, S. 346; WA I, 4, S. 229; G III.2, S. 814; WA I, 1, S. 123; WA I, 14, S. 13; WA I, 4, S. 125; WA I, 27, S. 272; WA I, 30, S. 138; WA I, 11, S. 330; WA I, 4, S. 115; WA I, 42.2, S. 167; WA I, 20, S. 239; WA I, 42.2, S. 228; WA I, 2, S. 84; WA I, 42.2, S. 223; WA I, 1, S. 125; WA I, 42.2, S. 251; WA I, 42.2, S. 123; WA I, 10, S. 141; WA I, 1, S. 321; WA I, 42.2, S. 205 f.; WA I, 4, S. 111; WA I, 2, S. 243; WA I, 3, S. 312; WA I, 42.2, S. 128; WA IV, 20, S. 236; WA IV, 8, S. 33; WA I, 15.1, S. 25 f.

Juli: WA I, 1, S. 294; WA IV, 2, S. 206; WA IV, 20, S. 289; WA I, 1, S. 67; WA I, 23, S. 21; WA I, 1, S. 233; WA I, 42.2, S. 118; WA I, 1, S. 87; WA IV, 49, S. 62; E 3, S. 246; WA I, 4, S. 164; E 1, S. 54; G III.2, S. 461; WA I, 15.1, S. 316; WA I, 42.2, S. 132; WA I, 1, S. 44; WA I, 30, S. 18; WA I, 2, S. 294; WA I, 42.2, S. 123; WA I, 6, S. 127; WA IV, 42, S. 167; WA I, 30, S. 142; WA I, 1, S. 105; WA I, 40, S. 81; WA I, 42.2, S. 115; WA I, 11, S. 283; WA IV, 38, S. 75; WA I, 6, S. 286; WA I, 32, S. 10; WA II, 3, S. VI; WA I, 42.2, S. 154

August: WA III, 2, S. 174; WA I, 14, S. 60; WA I, 1, S. 175; WA I, 6, S. 196; G II, S. 557; WA I, 3, S. 335; WA I, 4, S. 71; WA I, 23, S. 174; WA I, 1, S. 239; G II, S. 918; G III.1, S. 591; WA I, 1, S. 180; WA IV, 6, S. 139; G II, S. 921; WA I, 3, S. 365; WA I, 31, S. 268; WA I, 10, S. 315; WA IV, 7, S. 152; WA I, 2, S. 230; WA I, 15.1, S. 132; WA I, 10, S. 116; WA I, 10, S. 345; WA I, 10, S. 345; E 3, S. 36; WA I, 1, S. 9; WA I, 47, S. 325; WA I, 1, S. 331; WA I, 4, S. 124; WA I, 20, S. 292; WA I, 28, S. 184; WA I, 3, S. 163

September: WA I, 4, S. 247; WA I, 1, S. 170; WA I, 15.1, S. 26; WA I, 11, S. 216; WA I, 42.2, S. 129; WA I, 1, S. 311; WA I, 30, S. 42; WA I, 11, S. 191; WA I, 1, S. 352; WA I, 3, S. 357; WA I, 14, S. 11;

WA I, 8, S. 28; WA I, 14, S. 204; WA I, 10, S. 243;; WA I, 14, S. 14; WA I, 42.2, S. 225; WA I, 1, S. 339; WA I, 2, S. 226; WA I, 10, S. 34; WA IV, 14, S. 184f.; WA I, 42.2, S. 147; WA I, 1, S. 352; WA IV, 5, S. 1; WA I, 32, S. 73; WA IV, 44, S. 276; WA I, 1, S. 353; WA I, 15.1, S. 104; WA I, 20, S. 261; WA I, 42.2, S. 178; WA I, 19, S. 90

Oktober: WA I, 32, S. 78; WA I, 2, S. 237; WA I, 22, S. 346; WA I, 2, S. 224; G II, S. 588f.; WA I, 4, S. 113; WA I, 14, S. 90; WA I, 10, S. 202; WA I, 10, S. 182; WA I, 42.2, S. 144; WA I, 8, S. 28; WA I, 29, S. 147; WA I, 14, S. 11; WA IV, 20, S. 177; WA I, 4, S. 114; WA I, 15.1, S. 330; WA I, 8, S. 130; WA I, 36, S. 266; WA I, 10, S. 144; WA I, 15.1, S. 147; WA I, 1, S. 313; WA I, 1, S. 7; WA I, 30, S. 261; WA I, 42.1, S. 81, S. 202; WA I, 42.2, S. 133; WA I, 30, S. 12; WA I, 1, S. 357; WA I, 4, S. 114; WA I, 1, S. 98; WA I, 10, S. 87; WA I, 3, S. 140

November: WA I, 3, S. 131; WA I, 2, S. 57; WA I, 2, S. 113; WA I, 2, S. 218; WA I, 14, S. 112; WA I, 28, S. 291; WA I, 41.2, S. 162; WA I, 4, S. 115; WA I, 40, S. 164; WA I, 42.2, S. 146; WA I, 2, S. 240; WA I, 15.1, S. 237; G III.1, S. 536; WA IV, 5, S. 300f.; WA I, 23, S. 19; WA IV, 14, S. 147f.; WA I, 2, S. 239; WA II, 1, S. IX; WA I, 20, S. 295; WA I, 42.2, S. 193; WA I, 1, S. 321; WA I, 1, S. 103; WA I, 14, S. 206; WA I, 4, S. 310; G III.2, S. 560; WA I, 48, S. 204; WA I, 1, S. 324; WA I, 2, S. 228; WA I, 20, S. 224; WA I, 14, S. 55

Dezember: WA I, 20, S. 225; WA I, 15.1, S. 309; G III.1, S. 268; WA I, 36, S. 276; E 2, S. 270; WA I, 11, S. 97; WA I, 15.1, S. 164; WA II, 1, S. XII; WA I, 32, S. 83; WA I, 3, S. 250; WA I, 42.2, S. 108; WA I, 3, S. 121; WA I, 50, S. 95; WA I, 23, S. 122; WA I, 25.1, S. 169; WA I, 42.2, S. 121; WA I, 2, S. 225; WA I, 14, S. 139; WA I, 20, S. 293; G III.2, S. 792; WA I, 1, S. 321; G III.1, S. 560; WA I, 23, S. 124; WA I, 32, S. 159; WA IV, 2, S. 47f.; WA I, 2, S. 230; WA I, 41.2, S. 102; WA I, 42.2, S. 131; WA I, 1, S. 102; WA I, 1, S. 358; WA I, 3, S. 151

Die Goethetexte dieses Kalenders werden unter Angabe von Sigle, Abteilung, Band- und Seitenzahl nach folgenden Ausgaben zitiert: Goethes Werke. Hrsg. im Auftrage der Großherzogin Sophie von Sachsen. 133 Bde. in 143. Weimar: Böhlau 1887–1919 (Sigle: WA). Goethes Gespräche. Eine Sammlung zeitgenössischer Berichte aus seinem Umgang. Auf Grund der Ausgabe und des Nachlasses von Flodoard Freiherrn von Biedermann ergänzt und hrsg. von Wolfgang Herwig. 5 Bde. in 6. Zürich, Stuttgart: Artemis 1965–1987 (Sigle: G). Johann Peter Eckermann: Gespräche mit Goethe in den letzten Jahren seines Lebens. 3 Theile. Leipzig: F. A. Brockhaus 1836, Magdeburg: Heinrichshofen'sche Buchhandlung 1848 (Sigle: E).

INHALT